Eberhard von Georgii-Georgenau

Sammlung von Lebensbeschreibungen, Briefen und sonstigen Urkunden

betreffend die Georgiische Familie

Eberhard von Georgii-Georgenau

Sammlung von Lebensbeschreibungen, Briefen und sonstigen Urkunden
betreffend die Georgiische Familie

ISBN/EAN: 9783743403642

Hergestellt in Europa, USA, Kanada, Australien, Japan

Cover: Foto ©ninafisch / pixelio.de

Manufactured and distributed by brebook publishing software (www.brebook.com)

Eberhard von Georgii-Georgenau

Sammlung von Lebensbeschreibungen, Briefen und sonstigen Urkunden

Sammlung

von

Lebensbeschreibungen, Briefen und sonstigen Urkunden

betreffend die

Georgii'sche Familie.

Zugleich

Beiträge zur Geschichte Württembergs und Deutschlands.

Stuttgart.
Druck von Emil Müller.
1876.

Vorrede.

Seit der ersten Ausgabe meiner Urkundensammlung

„Die Georgii'sche Familie betreffend."

„Beiträge zur Deutschen Geschichte."

kam ich in den Besitz weiterer Urkunden, welche diese Sammlung vervollständigen, namentlich der auf Seite 83 der ersten Ausgabe als vermisst erwähnten Relationen des „Würklichen Geheimderaths und Staatsministers Johann Eberhard von Georgii" an den regierenden Herzog Carl von Württemberg über seinen vertraulichen diplomatischen Verkehr in Augsburg mit dem General-Feldmarschall Grafen von Seckendorf theils vor dem Abschlusse, theils während des Abschlusses des Füssener Friedens (Februar-April 1745). Sodann erhielt ich, nachdem der Druck der zweiten Ausgabe meiner Urkundensammlung schon weit vorgeschritten war, Auszüge aus den Relationen eben dieses Ministers Johann Eberhard von Georgii aus der Zeit seiner Mission am Hofe Friedrichs des Grossen in Berlin, wo er theils zur Berathung der drei nach einander zur Regierung berufenen Württembergischen Prinzen Carl Eugen, Ludwig Eugen und Friedrich Eugen, theils mit verschiedenen wichtigen diplomatischen Aufträgen betraut, vom Dezember 1741 bis Februar 1744 verweilte.

Diese Schriftstücke finden sich nun vereint mit den übrigen in der zweiten Ausgabe meiner Urkundensammlung, welche ich hiemit den Georgii'schen Familien-Mitgliedern übergebe, um in Mussestunden in dankbarer Pietät ihrer Vorfahren zu gedenken.

Stuttgart, 1. Januar 1876.

von Georgii-Georgenau.
Königl. Niederländischer General-Consul
für Württemberg.

Inhalts-Verzeichniss.

Seite

I. Joh. Martin Georgy, Landvogt der Badischen Markgrafschaft Hochberg zur Zeit ihrer Verheerung durch die Franzosen (1689), Vogt von Urach, geboren 7/18. Juli 1658, gestorben 20. April 1738 1

II. Joh. Eberhard Georgii, Herzogl. Württembergischer Staats-Minister, Mitvormundschaftlicher Würklicher Geheimderath, Gesandter am Hofe Friedrich des Grossen, geboren 21. Dezbr. 1694, gestorben 20. Juni 1772 17

III. Erh. August Georgii, Syndikus der freien Reichsstadt Ravensburg und einer unmittelbaren freien Reichs-Ritterschaft, Orts Neckar und Schwarzwald, Consulent, geboren 22. Juli 1700, gestorben 18. Juli 1742 59

IV. Christ. Eberhard von Georgii, Herzogl. Württembergischer General und Stadt-Commandant von Stuttgart, geboren 17. Novbr. 1724, gestorben 15. Oktbr. 1796 75

V. Eberhard Friedrich von Georgii, Königl. Württemb. ObertribunalPräsident, Excellenz, Abgesandter der Württembergischen Landschaft beim Friedens-Congress zu Rastadt, geboren 18. Januar 1757, gestorben 13. April 1830 81

VI. August Eberhard von Georgii, Kaiserl. Königl. Oesterreichischer BrigadeGeneral zu Mantua, Festungs-Commandant von Gaëta, geboren 27. Juli 1768, gestorben 9. März 1826 93

VII. Eberhard Heinrich von Georgii, General-Auditor der Württembergischen Armee, Obertribunal-Direktor, geboren 2. September 1765, gestorben 26. Mai 1841 . 113

Anhang.

Relationen des Geheimderaths Johann Eberhard v. Georgii an den regierenden Herzog Carl von Württemberg über seinen vertraulichen diplomatischen Verkehr mit dem General-Feldmarschall Grafen von Seckendorf in Augsburg (anno 1745) . 123—170

Briefe des ObertribunalPräsidenten Eberhard Friedrich v. Georgii aus der Zeit, als er Abgesandter der Württembergischen Landschaft beim Friedenskongress zu Rastatt war (1798) . . . . 171—179

Beurtheilung der Urkunden-Sammlung.

Schreiben des Württemb. Ministers des Innern, von Schenrlen 181

„ „ Staatsraths Grafen von Taube 182

Nachtrag.

I.

Johann Martin Georgii,

Markgräflich Badischer Hofrath, Vogt der Residenzstadt Durlach zur Zeit ihrer Zerstörung, anno 1689, Landvogt der Markgrafschaft Hochberg und zuletzt Herzoglich Würtembergischer Stadt- und Amtsvogt zu Urach.

Geboren 7/18. Juli 1658.

Gestorben 20. April 1738.

Lebenslauf des Herrn Johann Martin Georgii,

vieljährigen Herzoglich Würtembergischen Stadt- und Amtsvogt zu Urach, wie er von ihm selbst aufgesetzt und bei seiner Begräbniss von der Kanzel abzulesen verordnet worden.

„Ich Johann Martin Georgii bin gebohren zu Strassburg den 7/18. Juli 1658. Mein Vater war Herr Jacob Simon Georgii, des weltberühmten eifrig evangelischen Fürsten und Herrn Herrn Leopoldi Ludovici, Pfalzgrafen bei Rhein, Herzogen in Bayern, Grafen zu Veldenz vieljähriger Hof- und Kammerrath, auch bei der Stadt Strassburg, als sie noch eine Reichsstadt gewesen, Kriegssekretarius und Assessor des Grossen Rathes; der aber im Wittwerstand bei meinem jüngsten Bruder Samson Georgii (damaligem Hochfürstl. Würtemb. Vogt zu Hornberg und verheirathet mit Rosamunde von Roth Würt. Oberstlieutnant und Commandanten von Hohentwiel Tochter) in anno 1702 den 1. Dezember allda gestorben und begraben worden.*)

Meine Mutter war Frau Eva Johanna, eine Tochter Herrn Samson von Stänger auf Falckenstein und Dehlingen Hochgfl. Rheingräflichen Raths und Vogts der Herrschaft Mörchingen und Diemeringen.

Diese meine liebwertheste Eltern, nachdem sie mich zur heiligen Taufe befördert und ich in etwas erwachsen ware, hielten mich fleissig zur lateinischen Schule an und nachdem ich das Gymnasium allda bis auf Ostern 1674 frequentirte, wurde ich ad lectiones publicas promovirt und fienge darauf Collegia bei denen Herren Professoribus, als Dr. Schaller, Dr. Joh. Faustin, Joachim Zentgraffen

---

*) Siehe pag. 7.

und Ulrich Obrechten an zu frequentiren, dissertirte auch anno 1677 unter Herrn Professor Zentgraffen publice de armis in bello prohibitis, fieng auch juridicum sofort gleich selbigen Jahres das Studium peridicum an. Anno 1680 auf Ostern begab ich mich auf Befehl meiner Eltern auf Leipzig und wurde allda insonderheit an die Herren Profess. Dr. Heinz, Iltig, Rechenberg recommandiret, habe bei andern Herren Professoribus die Lectiones publicas frequentirt; auch nach Manuduction des damahligen berühmten Advokaten Herrn Dr. Merii Hand an das Practicum bei dem Stadtgericht und Schöppenstuhl gelegt, auch oft und viel vor Herrn Doctor Movium bei genannten Collegiis vorgestanden, recessirt und in Schriften gehandelt, doch Alles unter Revision gedachten Herrn Merii. Nachdem aber bald nach Martini in Sachsenland die Post um sich gegriffen und meine obigen Patronen mir gerathen, dass mich nach Niedersachsen und weiteres retiriren sollte, ehe das Churfürstenthum geschlossen würde, habe ich mich mit einigen Landsleuten fortgemacht und über Halle und Magdeburg nach Helmstädt gewendet. Weil aber daselbst auch Alles der Post halber voller Furcht war, habe ich mich weiter in das Braunschweiger und Lüneburger Land begeben und selbige Residenzstädte besehen; und als endlich zu Zell im Frühling anno 1681 Befehl von meinen Eltern empfangen, weil sie mich als ein Tausch an den Herrn Marquis de Varenne, damahligen Obristen des Französischen Duc de Maine Regiments zu Fuss, gegen seinen Sohn versprochen, dieser auch bei ihnen schon angelangt, dass desshalben meine Rückreise nach dem Rheinstrom ohnverzüglich anstellen und den nächsten Weg durch Lothringen nach der Champagne und zwar der Hauptstadt Rheims und auf das nächst dieser Stadt liegende Schloss und Flecken Veaux Varennes verfügen und eintreffen solle. So habe nach obliegender kindlicher Pflicht mich fort auf die Reise begeben, mit den ordinarii Landgutschen durch die Chur-Cöllnisch-Maynz-Pfalz und Triersche Lande nach Lotheringen und von Metz auf Rheims zugemacht auch von der Frau Marquisin und den Ihrigen wohl empfangen worden. In diesem Veaux Varenne bin ich aber bald krank geworden, die Hitzige Krankheit, endlich ein Quartan Fieber dreiviertel Jahr lang bekommen, mithin des schönen und guten Lands mich wenig erfreuen können.

In anno 1682 um Pfingsten haben Eingangs gedachte Ihro Hochfürstl. Durchlaucht der Herr Pfalzgraf von Veldenz mich zu dero Amtmann der Grafschaft Lüzelstein movirt und bestellt, darauf ich Frankreich quittirt und nachdem ich in der Retour noch einige schöne Städte in Champagne und Lothringen besehen hatte, bin um Jacobi zu Lüzelstein angekommen. Weil aber anno 1684 ich nach Breisach vor das Conseil Souverain citirt worden, dem König von Frankreich den Eyd der Treue abzuschwören, auch forderist mir zugemuthet worden, die Religion zu changiren oder den Dienst zu quittiren, habe ich das Leztere lieber als das Erstere ergriffen und mich wieder nach Strassburg begeben. Nachdem aber keine Lust noch Liebe hatte, unter den Franzosen zu leben, hingegen ich in Teutschland lauter Glück Seegen, Gesundheit und Patronen gefunden, bin ich sofort auf Speyer gegangen, habe allda bei dem hochberühmten Juriscousulto Herrn Johann Ulrich Zeller mich in die Kost begeben, und durch dessen getreue Anweisung den Stylum cameral etc. ziemlichermassen begriffen. Darauf in anno 1685 mich wieder auf Heidelberg begeben, mich bei der. löblichen Juristen Facultaet allda angemeldet, mich sofort den examinibus submittirt und nach erhaltener Licenz pro gradu doctorali unter Herrn Textoris Praesidio solenniter disputirt.

Anno 1686 begab ich mich auf Durlach, woselbst auf Recommandation des Evangel. Hohen Domstifts Vice Administrators in Strassburg, Baron von Stein, und Herrn Doctor Joh. Ulrich Zellern aus Speyer die damalen erledigte Ordinari Hof und Ehegerichtl. Advocatur und Procuratur erlangt habe.

Anno 1687 thate mich ehelich verloben mit Jungfrau Catharine Margarethe, Herrn Erhard Kiefer Hochfürstl. Marggräfl. Renntkammer Raths und Vogten zu Pforzheim, nachherigen Vogt zu Hirschau Tochter. Es ist aber erst anno 1688 unser Verspruch vollzogen und wir den 9. Octob. in Pforzheim von dem Herrn Special-Superintendenten Kummer copulirt worden, da inmittelst Ihro Hochf. Durchlaucht der Herr Marggraf Friederich Magnus vor der Retirade nach Basel mich zu dero Vogteiverweser der Stadt und Amt Durlach proprio motu gnädigst declariret und gesezt haben.

Anno 1689 da in solchem Sommer die französische Armee unter dem Dauphin und Maréchal Duc de Duras die Niedere Markgrafschaft Baden, in specie die Stadt Durlach völlig verbrannt und ich mit meinen Schwieger-Eltern in 2 Tagen drei Häuser mit allen Mobilien als zu Durlach, Grötzingen und Pforzheim verlohren, so haben im Spätjahr dieses Jahres Ihro Hochfürstl.

Durchlaucht mich nach Basel citirt und trugen mir neben der Hofrathstelle auch die Landvogtey dero Marggrafschaft Hochberg im Breisgau gnädigst auf, also dass anno 1690 im Jänner von dero Cammerjunker und Geheimenrath Herrn von Wimpffen zu Emmendingen introducirt und den Hochfürstl. Beamten und Ständen vorgestellt worden, welches verursacht, dass meine Frau und Kind auch dahin auf Emmendingen unter Kaiserlich und Französisch. Pässen kommen lassen.

Was nun in diesem 1690sten Jahre ich in diesem Dienst ausgestanden, von denen beyden französischen Commandanten zu Breisach de la Citardy und zu Freiburg du Fay erlitten, wie übel von der französischen Armee und dem Königl. Dauphin, welcher Emmendingen und die ganze Marggrafschaft Hochberg totaliter ravagirt und geplündert, tractirt worden, auch da der Churfürst von Sachsen und Kaiserl. Feldmarschall Graf von Dünewald mit der deutschen Armee Jenen auf den Fuss gefolgt, bis sich die Franzosen zwischen ermeldte beide Festungen gesetzt, ich nicht minder viel beschwerliche und gefährliche Reisen auf meiner Gnädigsten Herrschaft Befehl zu der Kaiserl. Hohen Generalität thun müssen, ist nicht zu beschreiben; weil ich aber mit göttlichem Beistand alle diese betrübte und gefährliche Troublen überstanden, so mag an meinen erlittenen Jammer, Angst, Bekümmerniss und Elend nicht mehr gedenken, sondern danke Gott, dass er mich dannahlen gesund und aufrecht erhalten hat.

Und da durch des Höchsten Gottes sonderbare Direction sich gefügt, dass ich unter andern Hohen und Reichs-Generalen dieses Jahr auch mit des Herrn Administratoris Herzog Friedrich Carl zu Würtemberg Hochfürstl. Durchlaucht bekannt worden und Ihro Hochfürstl. Durchlaucht zu Dinglingen in der Herrschaft Lahr zu mir wiederholter gdgst. sagten und befahlen, dass zu Ihro gen Stuttgart kommen solle, so bin sofort im Dezember 1690 mit des Herrn Marggrafen gnädigstem Consens auf Stuttgart gereiset, da denn des Herrn Administratoris Hochfürstl. Durchlaucht auf mein unterth. Anmelden mir eine convenable Charge bei dero Hochfürstl. Canzley gdgst. offeriret; da ich aber nur um einen Landdienst gebeten, so ist erfolgt, nachdem ich meine gnädigste Demission von des Herrn Marggrafen Hochfürstl. Durchlaucht erhalten, dass von des Herrn Administratoris Hochf. Durchlaucht und der verwittibten Frau Herzogin als Mitobervormunderin auf Lichtmess 1691 die Vogtey Lorch mir gdst. anvertraut worden.

Das gefolgte 1692ste Jahr aber auf Georgii haben Höchstvorernannte beyde Hochf. Obervormünder mich als Vogten der Stadt und Amt Urach gnädigst deklariret und mich dahin gesetzt, darauf dann mit meiner Frau mich resolvirt, so Gott anders will, hier in Urach zu verbleiben und zu sterben.

Was nun von solchem 1692st Jahr bis auf heutigen Tag, da mehr Kriegs als Friedenszeiten erlebet, und in dieser Station abermalen auf Höchst Gnädigsten Befehl viel Reisen verrichten und manch beschwerliche und gefährliche Commission vollführt, davon, auch was darüber ausgestanden, wäre zwar gleichfalls viel zu melden, allein da gottlob ein Jahr nach dem Andern in dieser Mühseligkeit glücklich überstanden und ich nun hoffe, bald die Kindschaft Gottes zu erlangen, und der Herrlichkeit des ewigen Lebens zu geniessen, die Durchlauchtigste meine Gnädigste Herrschaft auch jederzeit mit meinen verrichteten Diensten sehr wohl zufrieden waren, dahero mich oft höher promoviren, zur Canzley ziehen und mit höhern Titeln und Gage begnadigen wollen, ich aber jedesmal alle solche Gnade in Demuth gnädigst abgebeten, so macht mich solches meines erlittenen Elends Jammer Gefahr, Noth, Widerwärtigkeiten, Verfolgungen gänzlich vergessen, in besonderem Betracht, dass alle mir in meinem Leben zugestossenen Fatalitäten durch die Barmherzigkeit Gottes mir mit dem glücklichen und wohlgetroffenen liebreichen und gesegneten Ehestand versüsset und mir durch meiner Frau friedliebenden, sanften verständigen Geist und Humor in allen Fällen erleichtert, erheitert und aufgerichtet worden.

*) Hornberg, ein wegen Frankreich und der Heerstrasse nach der Festung Hohentwiel befestigter Platz, galt früher für wichtig. Vogt Georgy's Vorgänger war Freiherr von Türkheim, Vogt und Commandant von Hornberg. In Betreff des oben erwähnten Schwiegervaters von Vogt Samson Georgy, dem Oberstlieutenant von Roth, Festungscommandanten von Hohentwiel, sagt von Martens in seiner Beschreibung von dieser berühmten Festung Folgendes:

„Am 9. Mai 1672 sezte Herzog Eberhard dem 73 Jahr alten Commandanten Wiederhold den Rittmeister von Roth mit dem Titel eines Oberwachtmeisters als Vicecommandant an die Seite. Roth befand sich übrigens schon am 16. Juni 1668 als Capitain-Lieutenant der Leibgarde auf der Festung und es wurden schon von dieser Zeit an die Befehle gemeinschaftlich an Wiederhold und Roth gerichtet. Am 3. August 1672 trat von Wiederhold die Befehlshaberstelle ganz an den neuen Commandanten Roth ab. Die fortdauernde Nähe der Franzosen liess den Herzog Administrator Fridrich Carl am 29. Juni 1678 dem Oberstlieutenant von Roth den Befehl ertheilen: „wenn sich Truppen der Festung nähern und Eins und das Andere begehren, er denselben zur Antwort geben solle, er sey befehligt, diesen wichtigen Ort gegen allen begebenden Anfall zu vertheidigen und bis auf den letzten Blutstropfen zu behaupten; wenn auch hinwieder ihm einige Befehl als von Uns oder Unserer Regierung zukommen möchte, solle er doch dergleichen ganz nicht gehorchen, auch sonst keinen Befehl zu gehorchen schuldig seyn, er sey denn von Uns eigenhändig unterschrieben und mit dem verglichenen Zeichen bezeichnet." Kaiser Leopold I erliess am 24. December 1688 selbst an den Commandanten Roth in Hohentwiel einen ernstlichen Befehl, den Franzosen bei Vermeidung der Kaiserlichen und des Heiligen Reichs schwerer Ungnade, auch Verlust an Ehre, Habe und Güter, Lehen und Eigenthum, Recht und Gerechtigkeiten, auch Leib und Lebens, einem Befehl der vormundschaftlichen Regierung und der Räthe, die Festung den Franzosen zu übergeben oder eine französische Besatzung einzunehmen, keine Folge oder Gehorsam zu leisten, sondern wenn Gewalt angewendet werden wollte, sich mit äusserster Kraft zu widersetzen, um den wichtigen Ort für den minderjährigen Prinzen, wie ehrlichen treuen und tapferen Officieren und Soldaten gebührt, zu vertheidigen und zu behaupten."

Ueber die Mutter der beiden eben erwähnten Vögte Joh. Martin und Samson Georgy berichtet deren Lebenslauf, wie er bei ihrer Beerdigung zu Esslingen, 19. Dec. 1700 von dem Herrn Oberpfarrer König in der St. Sebaldkirche verlesen wurde, unter Anderem:

„Gleichwie nun ihre liebste Eltern wohlgewusst, dass ihro nicht genug, wenn sie gleich natürlicherweiss aus einem alten vornehmen Geschlecht gebohren, sondern höchstnöthig, dass sie zu einer Christin wiedergebohren werde, also haben sie sich um desto mehreres angelegen seyn lassen, sie zur heil. Tauffe ohnverzüglich zu befördern etc."
„Und ob sie zwar vor ihrer völligen Education ihren liebsten Herrn Vater verloren, auch wegen der damahligen sehr grossen dreissigjährigen Kriegsdrangsalen mit der liebsten Frau Mutter sich nach Strassburg aus dem Rheingräflichen und von ihren Gütern retiriren, mithin zeitlich das Elend auf dieser Welt zu kennen anfangen müssen, so hat um desto mehreres dero liebste Frau Mutter vor diese ihre jüngste Tochter gesorgt etc."

Sodann heisst es darin weiter:

„Ob nun schon also der Ehestand liebreich und erfreulich war, so hat es doch darin auch nicht an leiblicher Trübsal gemangelt, unter welcher wir billig diejenige für die grösste zälen, da sie neben ihrem liebsten Ehemann in anno 1690 durch die französische gewaltthätige Verfolgung ihr Vaterland, Wohnung und Güter im Elsass und Westerich quittiren, anbei fast all ihr zeitliches Vermögen im Stich lassen, hernach sich heraus ins Reich begeben müssen, auf welcher Reiss dann sie in Leib und Lebensgefahr gerathen waren etc."

Vom Vater der beiden Vögte, dem Pfalz-Veldenzischen Rathe Jac. Simon Georgy, ist ein Calendarium vom Jahr 1694 vorhanden, worin unter Anderem folgende Notizen sich finden:

„1. October 1694. Ihro Durchlaucht Prinz von Veldenz ist zu Strassburg ohne Leibeserben gestorben, hat alle seine Verlassenschaft dem König von Schweden vermacht."

„16. October. Tochtermann Sacken allhier gewesst;"

„am 23. October. Herr von Sacken in Gemeinschaft von Printz Louis an Kaiserl. Majestät nach Wien geschickt worden."

„17. October. Filius Sambson profectus nach Böblingen in das Winterquartier."

„21. December ist Hans Martins[1] Hausfrau eines jungen Söhnleins genesen, den er Johann Eberhard[2] taufen lassen. Gott lasse diesen lieben Enkel gross und fromm werden."

---

[1] Vogt von Urach.

[2] Nachheriger Herzoglich Württembergischer mitvormundschaftlicher würklicher Geheimderath und Staatsminister.

Auszug aus dem Testamente des Johann Martin Georgy und seiner Frau.

d. d. Georgenau, den 7. December 1729.

Zehendens. Ist unser Herzlicher Wunsch und gantz ernstliches Begehren an unsere sämtliche Liebe Kinder, dass Sie sich wegen unserer Liegenden Güter auch Brüderlich und Liebreich betragen möchten. Zu dem Ende verordnen und disponiren wir hiemit aus gutem Vorbedacht, dass nach unserem Beeder Tod, Unsere Liegende Gütter, sowohl in der Uracher Markung Sich befinden als der Hof und das Guth Georgenau mit allen appertinentien, zusammen ohnzertrennt als gleichsam zwei Hofgütter seyn und bleiben, und diejenige, welche solche Gütter, bevorab den Hof Georgenau, mit allen dahin gehörigen Mühlen, Häusern, Scheuren, Milch-, Bach-, Wasch-, und übrigen Gebäuden nebst denen Gärten, Wiesen, Waldungen, Egardten, Weyden, Bergen etc. wie solche in meinem von mir aufgerichteten Lagerbuch mit mehrerem beschrieben, an Ihrem Erbtheyl annehmen und antreten, Selbige beysamen auf meiner Familien und Descendenten so lang es immer möglich ist, als ein beharrliches Angedenken von Ihren Eltern beständig erhalten, behalten, innehaben, brauchen, nützen, niessen und aufrecht erhalten sollen.

Abschrift

von der unterm 9. Juni 1733 beglaubigten Abschrift eines in dem Königlichen Geheimen Haus- und Staats-Archiv unter der Rubrik Urach, weltlich Büschel 30 aufbewahrten Aktenstücks do. 3. Dezember 1710 mit der Aufschrift:

Revers vor den Fleckhen Wittlingen

wegen

der Steuern und Anlaagen von denen Georgenawer Aigenen Güttern.

Do. 3. Dezember 1710.

Ich Johann Martin Georgii, beeder Rechten Licentiatus, der Zeith hochfürstlich Württembergischer Vogt zu Urach, bekenne hiemit diesem offenen Brief, nachdem durch die am Sechsten November diss Jahrs, von dem löblichen Statt-Gericht zu Nürttingen publicirte Sentenz, Meine in dem Wittlinger Thal liegende Erblehen Gütter von des Fleckhen Wittlingen bissheriger Besteurung und Collectation, gänzlichen separirt, und wider in den alten Stand gesezet, mithin der immediat Collectation der Statt und Ambt Urach, wider incorporirt, Sodann durch erwehnte Nirttingische Urtheil, denen von Wittlingen in Reconvertione, mir Satisfaction zu geben gesprochen worden, dass demnach wegen der praegravirten Posten wir miteinander eine Abrechnung zu besizen und zu treffen hätten, beede Theil aber besorget, dass darüber newe Missverständnussen und Weitläuffigkeiten entstehen würden, Alss habe Ich der Vogt denen von Wittlingen in Güte abermal vorgeschlagen, welche dann Ihnen auch beliebet, und wir solchemnach Unss dahin mit einander wissentlich und wohlbedächtlichen vereinigt und verglichen, nemblichen, dass Ich der Vogt alle an den Fleckhen gemachte und Mir in der Nirttingischen Sentenz zugesprochene Praetension und Forderungen gänzlichen schwinden und fallen lassen, auch die biss auf

Catharinae Tag verfallene liquide und illiquide Steuren, Anlaagen, Ambts und Flecken Schäden

—:· Einhundert Siebenzig Vier Gulden, fünfzig Sieben Kreuzer belaufen, ohne weitere Examination übernehmen und zu der Ambts Pfleeg Urach wegen Wittlingen bezahlen solle; Hingegen übergeben die von Wittlingen Mir meine aigene Gütter gleichfalls wie die Erblehen Gütter, in die immediat Collectation der Statt und Ambt Urach, also dass die aigene und Erblehen Gütter ohnzertrennt beysamen von Catharinae diss Jahr an, und hinfüro so lang solche Gütter, in mein und meiner Frawen und Kinder Handen, Nutzen und Besitzung sein werden, von Statt und Ambt Urach aus, immediate in allen herrschaftlichen und Landschaftlichen Steuren, Anlaagen und Beschwerden collectiret und belegt, auch von mir und den Meinigen die jedesmalige Gebühr zur Ambtspfleg gelüffert werden solle, alles mehrern Inhalts dess. hierüber Mir ertheilten Verglich — Uebergaab und Urkundtsbriefs, doch mit disem Anhang, dass Ihnen hierüber einen Revers ertheilen solle, Welchen dann hiemit nach bester Massgab Rechtens ertheile, gebe, und in Krafft diss vor mich, und die Meinige verspreche, dass wann meine aigene Gütter aus Mein oder Meiner Frauen und Kinder Handen durch Kauf oder Tausch kommen solten, alsdann die von Wittlingen freye Hand, Macht, Gewalt, Fueg und Recht haben sollen, diese aigen geweste Gütter wider in Ihre Besteuerung zu ziehen und in Ihr Stewerbuch einzuverleiben, zu belegen und zu collectiren, gleichwie Sie biss anhero gethan haben, alles ohne Hinderung mönniglichen.

Dessen zu wahrem Urkhundt habe Ich der Eingangs gemelte Vogt für Mich, und die Meinige aigenhändig disses underschrieben, auch zugleich die Wohl Edledest-Ehrenvest, Gross und Vorachtbare, fürsichtig und wohlweisse Herrren burgermeister, Gericht und Rath, der Statt Urach dienstl. Fleisses ersuchet, dass Sie gemeiner Statt grösser Innsiegel zu corroborirung dieses meines Revers hievorgedruckht, geben Urach den dritten Decembris, Anno Siebenzehnhundert und zehne.

Johann Martin Georgii.
(L. S.)

1. Bürgermeister in Urach
(L. S.) Johann Belling.

P. S.

Nachdeme auch bei Extradirung dieses meines Revers, die Commun zu Wittlingen begehrt, dass wegen des Waydgangs, Trieb und Trabs, hier auch einruckhen solle, dass es bei dero Fleckhen Rotul und bissheriger Observanz lassen: und hierunder Ihnen Eintrag zu thun Mich nicht understehen wolle. Und nun diss Verlangen nicht unbillich erachtet, Alss reservire Mich desshalben hiemit auf das kräfftigste, und verspreche vor mich und die Meinige, es durchaus mit dem Waydgang, Trieb und Trab, wie Solcher in dess Fleckhen Wittlingen Rotul, de Anno Ein tausend fünfhundert Neunzig und Sechse beschriben, gänzlichen Verbleiben und hierunder der Gemeind Wittlingen an Ihrem Recht und Gerechtigkeit, Waydgang, Trieb und Trab, zu ewigen Zeiten kein Hinderniss gemacht, oder Enderung gesucht werden solle; Urkundlich Meiner Underschrift und vorgedruckhtem Pettschafft. Geschehen den dritten Decembris Anno Siebenzehenhundert und Zehne.

J. Martin Georgii.
(L. S.)

Die Concordanz gegenwärtiger Abschrift mit dem Original Revers verificirt dem 9. Junii 1753.

Stadt- und Amtschreiber zu Urach
Carl Heinrich Otto Schmidt.

Abschrift

eines in dem Königlichen Filialarchive in Ludwigsburg aufbewahrten, in den „Geheimenraths Akten“ unter Rubrik 26 im Fasz. 66a. befindlichen Aktenstücks d. do. 4. August 1724.

Durchleuchtigster Hertzog

Gnädigster Fürst und Herr.

Ewer Hochfürstl. Durchlaucht haben in denen 34. Jahren meiner Bedienstung mir und meinen Kindern schon so viele hochfürstliche gnade erwiessen, dass billig mich enthalten solte, vmb etwas weiters vnderthänigst zu bitten. Dieweil aber Ewer hochfürstliche Durchlaucht angebohrene Clemenz und mildestes Gemüth, gleichsam alss eine reiche Quelle voller genaden beständig vnd ohne Vnderlass Sich Jedem Bedürfftigem ohnermüdet mittheilet, Alss erkühne mich hirmit Ewer hfürstl. Durchlaucht abermahl vnderthänigst zu behelligen, vnd zu melden, weil ich meinen noch Einigen ohnversorgten Sohn Philip Anton, welchen schon drey Jahr zu Strassburg bey denen Studien, vnd jetzo wider über Ein Jahr zu Tübingen, vmb das Studium juris zu absolviren, erhalten, bey meinem Leben aber auch in Ewer hochfürstl. Durchlaucht Diensten gern versorgt sehen, vnd zwar dass solcher dermahleins mir in meinem hiessigen officio succediren möchte, dass demnach Ewer hochfürstl. Durchlaucht mit diessem gantz inständigst vnderthänigsten Fleisses bitte, gnädigst zu geruhen, auss purer hochfürstlichen Genaden, gedachtem meinem Sohn Philip Anton die Survivançe vnd succession dergestalten gnädigst zu ertheilen, dass wann ich kranckheit vndt Alters halber nicht fortkommen könnte, Er nicht nur als würcklicher Vogt der Statt vnd des Ampts Urach in allen Fällen das officium versehen, zu dem Ende Ihne beeydigen lassen, Sondern auch gnädigsten Befehl ertheilen, dass Er nach meinem Abtritt oder Tod, ohn weiter Verpflichtung vnd Costen, in dem Dienst vnd Besoldung mir succediren solle.

Ich werde nicht ermangeln, so lang mich Gott leben lasset, Ihne meinen Sohn weiters also zu informiren, anzuführen, vnd in solchen Stand zu sezen, dass zu Ewer hochfürstlichen Durchlaucht Nutzen vnd interesse, Er diesses Ampt getrewlichen versehen könne, Ja Er soll vnd würd mit mir Sich eussersten Fleisses bestreben, in allen Fällen vnd Zeiten, in der That Solche uns erwiessene hochfürstliche grosse Genade mit aller ersinnlichen Trewe vnd Devotion zu demeriren, Ich aber, da die verhoffende gnädigste Erhöhrung mir zur grössten Consolation gereichet, verbleibe besonders bis in mein Grab

Urach den 4. Augusti 1724.

Ewer hochfürstl. Durchlaucht

Underthänigster trewgehorsamster Vogt zu Urach

J. Martin Georgii.

Adresse:

Dem durchleuchtigsten Fürsten und Herrn, Herrn Eberhard Ludwig, Herzogen zu Württemberg vnd Töck, Graffen zu Mömpelgard, Herrn zu Heydenheim etc. der Röm. Kaysrl. May dess Hl. Röm. Reichs vnd hochlöbl. Schwäbischen Craisses General Feld Marchall vnd Obristen über Ein Kaysrl. Dragoner Regiment vnd Schwäb. Crais Regiment zu Fuss etc. Meinem gnädigsten Fürsten vnd Herrn.

Resolution.

Unsers gnädigsten Fürsten und Herrn hochfürstl. Durchlaucht haben dem unterthänigsten Supplicanten, in betracht Seiner 34 jährig geleisteten Diensten in seinem unterthänigsten petito hiermit in gnaden willfahrt und wollen gnädigst, dass dessen Sohn Philipp Anton Georgii, Juris Candidatus und dermahliger Hofgerichts-Advocatus Ihme in seinem Officio dergestalten adjungirt seyn, dass Er nicht allein bey seines Vatters Lebzeithen die Officialia neben und mit Ihm tractiren, mithin bey dessen Abwesenheit und Krankheit den Staab führen, sondern auch nach gedachten seines Vatters Absterben in der Vogtey vollkommen, mit geniessung der davon dependirenden Besoldung succediren, und ohne weiteres eo ipso eintretten, zu dem Ende anjetzo gleichdarauf beaydigt werden solle.

Decretur Ludwigsburg d. 22. Decbr. 1724.

gez.: Eberhard Ludwig. H. z. W.

II.

Johann Eberhard Georgii,

Herzoglich Württembergischer Staats-Minister und Mitvormundschaftlicher Würklicher Geheimderath.

Geboren 21. Dezember 1694.

Gestorben 20. Juni 1772.

Verheirathet mit der Tochter des Bürgermeisters Wolf von Augsburg.

Lebenslauf des Johann Eberhard Georgii,

Herzoglich Württembergischen Staats-Ministers und Mitvormundschaftlichen Würklichen Geheimderaths, wie er von ihm selbst aufgesetzt wurde.

(Auszug.)

Ich Johann Eberhard Georgii bin geboren den 10/21. Decembris im Jahr 1694 zu Urach. Mein Vater war Johann Martin Georgii, J. U. L. und Vogt allda; mein Grosvater väterlicher Seits Jacob Simon Georgii, Pfalz-Veldenzischer Hof- und Cammerrath, auch der noch damahligen Reichsstadt Strasburg Kriegs-Secretarius und des Grossen Raths Mitglied.

Von meinen weiteren Voreltern und wer diese gewesen, sind die Nachrichten in einem besondern Manuscripto meines seel. Grosvaters Jac. Simon Georgy zu finden, welche hieher zu extrahiren vor onnöthig erachte.

Von diesen Eltern geboren bin ich folgenden Tages zur heiligen Taufe befördert und dabei mir der Name Johann Eberhard nach dem damahligen Herrn Geh.-Rath und Obervogten zu Urach, Johann Eberhard Varenbühler von Hemmingen, als erbettenem Pathen beigelegt worden.

Meine sel. Eltern erzogen mich mit aller Treue und Sorgfalt. Nachdem ich verschiedene Schulklassen durchloffen, thaten mich meine lieben seel. Eltern im Herbst 1708 in das Kloster Bebenhausen zu dem damaligen Praeceptore, Herrn M. Christian Hochstetter, in die Kost und frequentirte ich mit den übrigen Alumnis die lectiones bis auf annum 1710, da ich nach Ostern auf Tübingen und zwar in das contubernium unter die Aufsicht des Herrn Professor Rösler's verschickt wurde. Bei selbigem blieb ich 2 Jahr und nachher kame in des sel. H. Canzler Jäger's Hauss.

Nach absolvirtem cursu academico schickten mich meine sel. Eltern nach

Backnang zu meinem seel. Schwager, dem damahligen Vogt Schmidt allda, um mich im Vogteilichen und andern Amtssachen umzusehen, mit dem ich hernach auf Lichtmess 1715 hiehero nach Stuttgart, als er zur hiesigen Amtsvogtey befördert worden, gezogen und bis gegen Ostern bei demselben verblieben.

Im Monat April solchen Jahres schickten mich meine seel. Eltern nach Ansbach zu meinem seel. Oncel, dem damahligen Herrn Extrarath, Jacob Simon Georgy, der mich zu allerhand nüzlichen Geschäften und Fertigung allerhand relationen an die Regierung anhielt, bei meinen seel. Eltern aber die Erlaubniss auswirkte, dass ich eine Reise nach Wien thun dürfte, ob ich etwa allda irgendwo eine Condition finden könnte, zu dem Ende er mir dann stattliche Recommandationes an zerschiedene mit ihm in Correspondenz gestandene Alchimisten mitgegeben, die aber Weiteres nicht viel geholfen.

Ich gieng also von Ansbach auf Regensburg und von da zu Wasser weiters nach Wien, allwo ich medio Septembris ankam.

Ich bemühete mich gleichbalden um Gelegenheit in Dienste zu kommen, um eigen Brod zu erwerben und meinen seel. Eltern nicht zur Last liegen zu bleiben. Es wollte sich aber lange nichts fügen, bis dass endlich Gott einen Weg zeigte, da ich ganz unvermuthet bei dem Evangelischen Kriegsagenten von Remmers hörte, dass er von dem Obersten und Commandanten des damaligen Kaiserl. Osnabrugg- hernach Prinz Carl Lothringen'schen Regiments, Herrn von Rohr, Commission habe, Ihm einen Auditor und Secretarium nach Napolis, allwo das Regiment lag, zu schicken. Von dieser Nachricht profitirte ich sogleich und bat den in Wien anwesenden Prinz Carl Alexander von Württemberg Durchlaucht (nachherigen regierenden Herzog von Württemberg), dass er mich diesem Agenten, so zugleich auch sein Agent war, recommandiren möchte, welches er denn auch durch seinen Secretarium Knoebel, so hernach als Hofrath und Schlossverwalter zu Winnenthal verstorben, in dem Masse that, dass mich gedachter von Remmers wirklich annahm.

Die Freude, mich nunmehr in Diensten und eigenem Brod zu wissen, die Freude, eine so schöne Reise nach Italien thun zu können, die Freude, aus meinem Vaterland, in welchem es damals wegen der Gräveniz-Händel sehr verwirrt aussah, bleiben zu können, war grösser als die Sache es meritirte.

Ich gab von meinem Engagement gleichbaldig meinen seel. Eltern die

Nachricht und da viele ehrliche Leute diese meine genannte Resolution approbirten, gaben sie sich auch zufrieden, schickten mir das benöthigte Geld, durch welches ich mich zu Wien los machen und am Ende Jannar 1716 von da nach Grätz in Steuermark auf der Post abreiste. In diesem Ort traf ich einen auf Recrutirung commandirten Hauptmann Richter, Evangel. Rel. von diesem Regiment an, welcher mich als einen Glaubensgenossen sehr freundlich aufnahm, sofort dem Kais. Ober-Kriegs-Commisarius von Pischel praesentirte; der mich sofort an die receptiones in Wien assentirte also dass ich dadurch in den Genuss der Auditor und Secretariatsgage gesetzt wurde. Nach Verfluss von etlichen Wochen gieng ich von da nach Cilly, allwo die vor das Regiment zusammengebrachten Recruten in Quartier lagen und trafe allda den Hauptmann von O'Brien einen Irländer nebst andern Offizieren gedachten Regiments an und blieb allda bis Ostern, da wir nach Crainburg marschirten, allwo wir bis Anfang Mai liegen mussten. Von da aber marschirten wir auf Laibach und nach 2 Tag weiters auf Fiume, allwo wir nach einigen Tagen embarquirt und mense Junio nach einer ziemlich glücklichen Seereise zu St. Agatha ohnweit Manfredonia in Apulien ans Land gesetzt wurden. Wir mussten allda die Quarantaine völlig halten, nach deren Erstehung aber marschirten wir geraden Wegs auf Neapel, kamen allda glücklich an; mein Herr Oberster und Commandant von Rohr und Herr Oberstlieutenant von Lohausen empfingen mich gnädig und mir wurde das Quartier zu Pizzo falcone ganz nahe bei dem Leztern angewiesen. Ich trat also nunmehr mein Amt an und wurde von Herrn Obersten nicht müssig gelassen, musste aber auch bald den Einstand mit einem hitzigen Fieber bezalen, doch währte dieses nicht lang und wurde ich durch Gottes Güte bald wieder gesund.

Gefolgten Jahres 1717 wurde mein Herr Oberster wegen damalen mit Spanien ausgebrochenen Krieges in den Stato delli Presidy nacher Orbitello als Gouverneur und Commandant im Monat August commandirt, und da ich bei dessen Abreiss vielmals an einem Vormittag in die Kriegs-Canzlei hin und her laufen musste und mich sehr echauffirte, darüber auch am Essen mit kaltem Trinken zu viel raffraichirte, so bekam ich eine heftige alteration und verfiel in ein starkes hitziges Fieber, welches nicht allein sehr lange anhielt, öfters wiederkam, sondern auch mich in die äusserste Lebensgefahr stürzte, doch die

Langmuth und Barmherzigkeit Gottes half und brachte mich wieder auf die Füsse.

Im Monat Dezember dieses Jahres wurde ich von meinem Herrn Obristen nach Orbitello berufen, da ich um Weihnachten zu Wasser auf einer Felucca abreiste und noch dieses Jahr allda glücklich anlangte. Hier hatte ich Gelegenheit die schöne Italienische-Toskanische Sprache im Reden und Schreiben recht zu erlernen. Mein Herr Oberster wurde kurz vor seiner Abreiss auf dieses Commando General-Mayor und nunmehr musste er das Regiment quittiren, hingegen übernahm der Oberstlieutenant v. Lohansen das Commando; dieses veranlasste, dass ich auch wieder zu dem Regiment gehen musste. Dieses geschah im Monat August 1718 in Gesellschaft des Herrn Hauptmann von Hennin von eben diesem Regiment. Wir reissten zu Wasser von Porto Reale ab und giengen bis Ostia am Ausfluss der Tiber; da wir wegen üblen Wetters und contraeren Windes zur See nicht fortkommen konnten, so resolvirten wir uns zu Land über Rom zu gehen, machten allda dem Kaysorl. Ambassadeur Comte Galusso unsere Aufwartung, besahen uns das Vornehmste und eilten uns nacher Naples wegen des bevorstehenden Feldzuges zu kommen.

Wir trafen glücklich ein und trafen Alles in praeparatione zur Campagne und nach 8 oder 10 Tagen wurden wir embarquirt mit einem Corps von 8 bis 10000 Mann und nach Calabrien überführt, stiegen eine halbe Stunde oberhalb Reggio ans Land und campirten gerade über von Messina welches damahlen von den Piemontesen besessen, von den Spaniern aber belagert auch wirklich eingenommen wurde.

Nachdem wir einige Wochen in diesem Lager verblieben, schifften wir wiederum ein und wurden nach Melazzo übergesezt. Allda kam H. General der Cavallerie Grav Caraffa zu uns und übernahm das Commando der Truppen. Dieser zog mich zu sich und musste ich nicht allein das teutsche Kriegssekretariat, sondern auch die Stelle eines General-Auditors versehen, welches Leztere dann auch hernach unter dem Commando des Herrn General-Feldzeugmeister Baron zum Jungen und Herrn General der Cavallerie Comte Mercy bis zum Ende des Kriegs continuirte.

Bald nach unserer Ankunft in Melazzo wurde der Ort von den Spaniern unter Commando Marquis de Leede belagert und am 6. Dezember am Tag

Nicolai fiengen selbige an, uns stark zu bombardiren. Die Belagerung währte bis Anfang Mai 1719, da der General Mercy mit einem starken succurs glücklich ankam, darauf die Spanier die Belagerung aufhoben und sich ins Gebirg zurückzogen.

Als uns im Monat Januar die Lebensmittel ziemlich nahe zusammen giengen, so resolvirte die Generalität, einen General-Ausfall zu thun, hatte auch das Glück, die Spanier aus den trancheen zu jagen und sich von ihrer ganzen Artillerie Meister zu machen, aber zum Unglück wurden die Spanier durch die Garde d'Espagne und Garde Vallon verstärkt, da sie sich dann widersetzten und die Kaiserlichen wieder zurückjagten.

Um diese Zeit, ungefähr im Monat Februarius, fiel ich abermalen in ein hitziges Fieber, doch rettete mich auch diesmalen die Liebe Gottes und schenkte mir bald wieder die Gesundheit.

Nach Ankunft des General Mercy und aufgehobener Belagerung blieb man nicht mehr lang zu Melazzo; ich wurde mit Herrn General Feldmarschalllieutenant v. Seckendorff nacher Lippari geschickt, um allda von dieser und übrigen dazu gehörigen Inseln die Huldigung einzunehmen; bald nach der retour und als man stark genug war, das Feld zu halten, marschirten wir und campirten einige Wochen in selbiger Gegend, brachen aber hernach mit der Armee auf und kamen den dritten Tag bei Franca villa an, allwo sich der Feind stark retranchirt hatte. Dem ohnerachtet wurde der Feind angegriffen, dessen rechter Flügel geschlagen, der linke hingegen stund an einem Berg und konnte nicht delogirt werden; ich fand mich als einen Zuschauer bei meinem Regiment, welches von einem Capuziner Kloster aus ziemlich stark beschossen wurde, vor welchem wir auch ziemlich Leute verloren. Nachdem die Nacht hereinbrach, so blieben wir auf den Champs de bataille gerad gegen den Feind gegenüber stehen und harrten da in dem grössten Mangel an Lebensmittel aus. Endlich waren wir genöthigt, drei Tage uns in einem engen Thal durchzureissen und ein defilé zu passiren, wo die Spanier auf Mann für Mann feuern konnten, doch kamen wir gottlob noch ziemlich wohl durch und marschirten ans Meer hinab nacher Torre Schiso, allwo wir auch wieder zu essen und zu trinken bekamen, da wir uns 3 Tage lang zuvor mit gebackenen Kolatschen und rohen Zwiebeln auch frisch Wasser behelfen mussten.

Bei Torre Schiso blieben wir ungefähr 8 Tage, marschirten sofort unter Commando des Feldmarschalllieutenants Baron Wachtendonell über Taormina und das Gebirg mit der avantgarde in 3 Tag und Nacht in der grössten Hize nach Messina. Unterwegs erfuhr ich, was Durst sey, da ich wie viele Andere aus einer Schaafscheure Mistlachen zu trinken genöthigt wurden. Viele Menschen starben solchen Tages vor Hitze und Durst. Messina wurde hierauf belagert und endlich mit den anliegenden drei Schlössern bezwungen. Darauf cantonnirten wir bis gegen Weihnachten; am St. Stephanstag wurden wir wieder zu Schiff gebracht und am Unschuldigen Kindleinstag segelten wir ab. Sobald wir aus der Meerenge, wo die bekannten Scylla und Charybdis sind, hinaus waren, entstund ein Sturm. Dieser währte 4 Tage an einem fort, doch brachte uns Gott mit etlichen Schiffen glücklich nach Trapani, die andern wurden zurückgejagt und kamen erst in 4 Wochen nacher.

Wir debarquirten zu gedachtem Trapani den 2. Januarii 1720 und cantonirten in den umliegenden Orten; in mense Februarii wurde ich von dem commandirenden Herrn General Mercy nach der unweit Tunis liegenden Insel Pantellaria verschickt, um auch allda die Huldigung vor den Kayser einzunehmen. Ich gieng zu Wasser über Marsala, olim das berühmte Lilybaeum, auf Mazzara und von da mit einem günstigen Wind auf ermeldte Insel, allwo ich die aufgegebene Commissiones verrichtete und nach Verlauf dreier Wochen in Martij wieder zurück auf Mazzara kam.

Die Armee war inzwischen von Trapani aufgebrochen und nach Castell Veterano marschirt, allwo ich wieder zu der Generalität kam, ohngefähr 8 bis 10 Tage allda verblieb, sofort mit der Armee nach Palermo weiterzog. Nach etlichen allda vorgefallenen Scharmüzeln wurde der Friede mit den Spaniern geschlossen und die Armee wurde in die Quartiere verlegt. Mein Regiment kam nach Moureale, allwo der grosse schöne und berühmte Tempel von mosaischer Arbeit zu sehen und seinesgleichen von dieser Art in der Welt nicht zu finden, wie solches aus der in Folio in Italienischer Sprache in meiner Bibliothek befindlichen Beschreibung wahrzunehmen. An diesem Ort verbliebe bis in Monat Julium, machte mittlerweile sowohl allda als in Palermo mit zerchiedenen berühmten gelehrten Leuten Bekanntschaft, welche mir zu meiner Collection aller derjenigen raren Scripturen und Impressoren in der damals zwischen Spanien,

Savoyen und dem Kaiser eines- und dem Päpstlichen Hof anderntheils observirten famosen Stritigkeiten puncto der monarchie in regno Siciliae, worüber fast ²/₃tel der Kirche mit dem Interdicto belegt und viele hundert Geistliche aus dem Königreich verjagt worden, verhülflich waren.

Im Monat Julio resolvirte sich der Oberstlieutenant und damaliger Regiments-Commandant Graf Ligneville eine Reise nach Haus in Lothringen zu machen und disponirte mich, mit Ihm zu gehen. Da nun mein Sinn immer nach Reisen und etwas Neues zu sehen ohnehin stunde, so war ich leicht dazu zu bereden.

Solchemnach nahmen wir bei dem commandirenden General Urlaub und giengen zu Ende des Monats von Palermo aus zu Schiff, des Vorhabens, geradenwegs nacher Marseille und von da nach Lothringen zu gehen. In unserer Gesellschaft war auch noch Herr Capitain Baron Oeynhausen, ein Neveu des Herrn Feldmarschall v. Schulenburg, welcher bis Genua mit uns gehen, von da aber nach Venedig zu reisen vor hatte. Aber homo proponit, Deus disponit. Der contraire Wind nöthigte uns bald zu Puzznolo einzulaufen, von da Herr Graf Ligneville zu Land seine Reise fortsezte und uns Beide verliesse. Wir giengen also den 5. August weiters und kamen den 15. des Monats nach Livorno. Allda nun hörten wir die leidige Nachricht, dass die Pest in Marseille grassirte und dass man nicht dorthin könnte, auch zu Genua die Quarantaine würden halten müssen, wenn wir dahin zu gehen gedächten. Dieses nöthigte also Herrn Baron von Oeynhausen (so vor etlichen Jahren als Feldmarschall unter dem Namen Graven von Schulenburg gestorben) unsere Reise zu changiren, und er persuadirte mich, mit ihm nach Venedig zu gehen. Wir blieben also ein paar Tage zu Livorno und giengen sofort nach Florenz, besahen allda alles Sehenswürdige, und weilen zu gleicher Zeit auch Herr Grav von Waldeck, Kaiserl. Oberster, mit einigen Commissionen wegen Rückmarsches der Kaiserl. Truppen an den alten Grossherzog Cosmus III. allda ankam, so gab dieses Gelegenheit, dass wir demselben praesentirt wurden, welcher uns sofort zu zweimalen sehr gnädig begegnete und uns sonderheitlich die Residenz mit allem Merkwürdigen nebst der berühmten Gallerie sehen liesse. Den 20. gingen wir weiter über Bologna, Ferrara, Padua und kamen den 23. in Venedig glücklich an.

Gedachter Herr Hauptmann von Oeynhausen praesentirte mich folgenden Tags seinem Herrn Oncle, welcher mich mit ungemeiner Leutseligkeit aufnahm, die Zeit meines Aufenthalts allda die Tafel gabe und durch seine Gondoliere bedienen und alles Sehenswürdige in Venedig zeigen liesse. Den 23. gienge von da wieder ab über Verona, Brescia auf Mailand, langte den 30. allda an und blieb bis auf den 3. Septbr., sodann nahm des Wegs weiters über den Lago di Como auf Lugano, Bellinzona, über den St. Gotthardsberg, auf Luzern nach Basel. Von dar aus weiter zu Wasser den Rhein hinab auf Strassburg, hielte mich allda 5 Tag lang auf und prosequirte sofort den Weg nacher Luneville, allwo den 19. Septembris gottlob glücklich und gesund angekommen und Herrn Graven Luneville wieder angetroffen; dieser praesentirte mich an den Herzog und die Herzogin und ich konnte also den Hof von dieser Zeit an frequentiren.

Ich blieb allda und in Nancy bis Ende Januarii, den 29. solchen Monats aber reiste ich mit meinem Bruder Jacob Simon ab über Strassburg auf Stuttgart, allwo ich den 2. Februar anlangte und dem damahligen Herrn Herzog Eberhard Ludwig, gesegneter memoriae, als meinem Landesfürsten, die Cour machte, nach Verlauf von 8 Tagen aber auf Urach retournirte, allwo ich nach einer 6jährigen Abwesenheit meine lieben Eltern gottlob gesund antraff.

Weilen ich aber meinem Obristen Graven von Ligneville die Zusage gethan, wieder nacher Naples zu dem Regiment zu kommen, als wohin er selbst im Frühling zurückgehen musste, so konnte ich um so weniger mich dessen entziehen, als mir der Herzog von Lothringen meine Gage um das alterum tantum von des Regiments Unkosten vermehrte, obgleich meine sel. Eltern gerne säheten, dass ich im Vaterland geblieben wäre. Sie liessen mich also in Gottes Namen den 20. Maji 1721 wieder abreisen, doch mit der Zusage, sobald mich meiner Kays. Dienste loszusagen, als sich eine Gelegenheit äussern würde, mich in meinem Vaterland zu placiren und damit ich desto Mehreres vincalirt würde, so schlugen sie mir allerhand Parthien zu einer Heyrath sowohl im Land als ausserhalb vor, unter welchen ihnen und mir eine von des Herrn Bürgermeisters Wolffen in Augsburg Töchtern die convenabelste schiene. Nachdem ich mich also beurlaubet, to trat ich in Begleitung meines sel. Herrn Oncle, Bürgermeister Kiefer's, und H. Stadtschreibers Linsenmann's von Urach die Reise nach Augsburg an, hielten uns allda bei 10 Tage lang auf und in solcher Zeit machte ich in dem Wolff'schen Haus Bekanntschaft und hielte den 26. Mai um die älteste Tochter an. Sie wurde mir zwar nicht versaget, doch auch nicht zugesaget, sondern es wurde die Sache auf weitere Ueberlegung und Berathschlagung mit meinen Eltern und der hieländischen Schreinemann'schen Verwandtschaft, sonderlich auf meine baldige Zurückkunft und Bedienstung im Vaterland ausgesetzt.

Solchemnach verfolgte ich den 3. Junii von Augsburg aus meine Reise nacher Italien durch Tyrol über Innsbruck, Brixen, Botzen, Triont, Roveredo nach Verona. Von da über Ferrara, Loretto, Rom auf Naples, allwo ich, weil nur mit einem Vetturino gienge, den 2. Julii angelangt.

Im Monat Augusto erhielte von Augsburg aus sowohl als von meinen Eltern die erfreuliche Nachricht, dass nunmehro meine Heirath durch beiderseitige Einverständniss der Eltern und der Tochter ihre Richtigkeit hätte, und dass man nun mit Ernst an meiner Placirung im Lande arbeitete. Dieses verzog sich aber etliche Monat und, da inzwischen mein Oberster sich vermählte und bald darauf mit seiner neuen Gemahlin, einer Princesse di Mognano, nacher Lothringen ginge, ich auch von dem commandirenden General Caraffa wieder nach Orbitello beordert wurde, allwo ich Jahr und Tag hätte aushalten müssen, so mir eben nicht anständig war, weil mein Sinn nach Hause stunde, so ergriffe ich die Resolution zu quittiren und mich dadurch der Obligation dieser unangenehmen Ordre zu folgen, zu entladen, so ich auch bewerkstelligte.

Ich gedachte hierauf im Monat November meine Retour anzutreten, allein ich hatte ein Unglück, von welchem unten das Mehrere vorkommen wird, welches mich 4 Wochen länger aufgehalten hat.

Nachdem ich aber wieder durch Gottes Güte restituirt war, so reiste von dar in Gesellschaft eines Hauptmann von Nesselrode-Regiment, Namens von Indermauer, so ohnweit Triont zu Hause war, den 9. Dez. von Naples ab, nahm den Weg wieder über Rom, Loretto, Bologna auf Venedig, langte den 26. allda an, blieb bis den 1. Januarii 1722 und prosequirte den Weg durchs Tyrol, mein Compagnon verliess mich ohnweit Triont; ich nahm von dar die Post und langte den 8. Januarii in Augsburg glücklich an, liess mich sofort in meiner Schwieger Eltern Haus bei meiner Braut melden und wurde sogleich dahin abgeholt.

Bei 6 Wochen lang blieb ich allda und wartete auf Nachricht von meinen Eltern wegen meiner anscheinenden Beförderung im Lande, endlich wurde gerufen, schleunigst zu kommen und mich zu praesentiren; ich kam zu Ende Februarii zu Urach wieder an, und nach etlichen Tagen gienge nach Stuttgart, allwo es sich durch göttliche Schickung fügte, dass ich wider all mein Denken und Begehren den 23. Martii von Serenissimo Eberhardo Ludovico per decretum zum wirklichen Regierungsrath ernannt, den 1. Aprilis darauf von dem damaligen Geheimderath und Kirchenrathsdirectore von Schütz beeidigt und selbigen Tags noch in das Regierungsraths-Collegium durch den damaligen Vicepraesident von Poelnitz introducirt wurde.

Diese Beförderung nun zog dann auch die Vollziehung meiner Heirath nach sich, welche den 1. Junii dieses Jahres geschahe. Gegen die Mitte des Monats nahmen wir unsern Aufzug nach Stuttgart, allwo ich mein Amt mit aller application zu versehen mich beeiferte, so mir dann auch bald ein gnädigstes Zutrauen erwarb, dass ich zu mancherlei Extrageschäften und Deputaten, besonders zu den Moempelgardschen Affairen, gezogen wurde, welches dann die Gelegenheit machte, dass mich Serenissimus bei erhaltener Nachricht von dem nahe scheinenden Tod des Herzog Leopold Eberhard zu Mömpelgard den 13. Martii 1723 dahin incognito zu reisen beorderte, um im Fall erfolgenden Todfalls eventualiter possession zu ergreifen.

Von dem Success dieser Commission und wie auf den wirklich erfolgten Tod vorgegangen, diess habe in einem besondern diario in dem tomo „von Mömpelgardschen Sachen", allwo es zu finden, aufgezeichnet.

Ich musste bis in Monat September in Mömpelgard verbleiben und nach meiner Retour wurde mir das Departement der Mömpelgardschen Sachen nebst der völligen Regierungsraths-Besoldung und einer Zulage von fl. 375 Kostgeld und Fourage auf 2 Pferde übertragen. Dieses Departement versah ich auch unter göttlichem Beistand bis auf den, 31. Oct. 1733 erfolgten, Tod Serenissimi Eberhardi Ludovici. Während solcher Zeit wurde ich dreimalen nach Mömpelgard in zerschiedenen Commissionen versandt, nemlich anno 1724 mense Majo, 1725 mense Aprili und 1726 mense Junio. Von denen obgehabten Verrichtungen etwas zu gedenken, wäre zu weitläufig.

Geschahe in anno 1727 die Transferirung der Canzlei nach Ludwigsburg;

den 28. Julii wurden die Collegia alldort eröffnet und den 18. Sept. zog ich mit meiner Familie dahin. Welcher unglückliche Zug mich folgendes Jahr 1728 im Nov. nöthigte, ein unausgebautes Haus zu kaufen, so mich, bis es vollends zu Stande gebracht, bei fl. 6500 gekostet, an welchem bei Wiederverkauf fl. 4000 Verlust erlitte. Von denen von Serenissimo Eberhardo Ludovico mir alle Jahre aufgetragenen vielerlei Commissionen und Reisen, so unter göttlicher Hülfe allesammt glücklich ausgerichtet, gedenke hier weiter nichts, sondern lasse die bei der Kanzlei vorhandene acta reden.

Aus besonderem gnädigstem Vertrauen machte mich Seine Hochfürstliche Durchlaucht anno 1731 nach Georgii ohne mindestes Gesuch zum Cammer-Procuratore und accordirten mir alle die Conditiones, so ich verlangte, wie die decreta Solches in mehreren bezeugen.

Die Cammer-Procuratur versah ich ohne Cammer-Praesidenten (denn Herr von Hardenberg wurde Hofmarschall und die Stelle blieb unbesetzt bis auf 1735) bis anno 1736. Der anno 1736 des Jahrs vorher zum Praesidenten bestellte Baron Gemmingen von Hochberg fand sein Conto nicht und blieb nur ein halb Jahr.

Nachdem schon anno 1733 der Krieg mit Frankreich ausgebrochen, die Franzosen über Rhein giengen und das Land mit einem Einfall bedrohten, so flüchtete ich meine Familie nach Urach, bis der grösste Lärm vorbei war. Als aber Herzog Eberhard Ludwig wie obgedacht den 31. Oct. mit Tod abging und ihm Herzog Carl Alexander succediret und im Frühjahr der Krieg recht angienge, die Franzosen die Linien überstiegen und die Armee nach Bruchsal zu stehen kame, von daraus sie den ganzen Schwäbischen Kreis in Contribution setzten, so wurde ich im Monat Majo das erstemal allein, das andermal mit Herrn Hofmarschall von Wallbrunn und dem Bürgermeister Hofman an den französischen Marschall von Berwick und Intendant de Bron gesandt, um wegen der Contribution zu tractiren, hernachmals aber wieder einmal nach Wissloch wegen der feindlicherseits anverlangten Mannschaft zum Schantzen und Mehllieferungen und auch zwei andermal zu dem Generallieutenant Quadt nach Pforzheim, dann auch zweimal an den Herzog, so mit des Kaisers Armee zu Heilbronn stund, um von meiner Verrichtung zu rapportiren. Gott gab dabei Gnade, dass ich nie gar umsonst reiste. Die Canzlei musste wieder auf Stuttgart und ich mein kaum vor etlich Jahren erkauftes Haus mit dem Rücken ansehen. 1736 wurde ich im Monat Januario von Serenissimo in verschiedenen Landesangelegenheiten an etliche Städt und Aemter auf den Schwarzwald abgeschickt. Den 2. Aprilis schickte mich Serenissimus an Churfürsten von der Pfalz wegen verschiedenen Münz- und Zolldifferenzen, die ich auch glücklich applanirte. Von daraus gieng nach Erfurt, um in damaliger Messe wegen den Silber- und Kupferpreisen Erkundigung einzuziehen.

In meiner Abwesenheit, da ich bei 3 Wochen ausgewesen, ernannten mich Serenissimus ohn all mein Gedenkens oder Gesuch den 17. Aprilis zum Cammerdirektor. Im Monat Majo kam der Bischof von Würzburg in Ludwigsburg an und musste ich denen mit selbigem wegen Verbesserung des Cameral-Status gehaltenen Conferenzen beiwohnen. Nach dessen Abreiss schickten mich Serenissimus zu Ihnen nach Würzburg, allwo mir gedachter Herr Bischoff zu verschiedenen Malen in seinem Cabinet die dortige und Bamberger Cameral- und Hofeinrichtungen mittheilte, die aber weiters nicht instructiv waren.

Das Vornehmste, so ich damahls sahe, war die Anstalt dortigen Zucht- und Arbeitshauses, von welchem sowohl als dem Nürnberger, so ich auf dieser Reise auch besahe, ich hernach die Idee bei Anlegung des Ludwigsburger Zucht- und Arbeitshauses genommen habe.

Auf dieser Tour brachte ich meinen ältesten Sohn auf das Gymnasium nach Neustadt an der Aisch, allwo er auch nicht ohne Nutzen bis anno 1741 geblieben. Nach meiner Zurückkunft wurde ich bei dem Münzwesen chargirt und zu einer wegen adjustirung der Jud-Süss'schen Münzrechnungen angeordneten Deputation gesetzt. Dieses gab mir Gelegenheit, des Juden Fourberien einzusehen; als mir der Münzmeister Dreyer und Controleur Held durch die mitgetheilte Extractus aus den Münzbüchern noch weiters bekräftigten, so legte ich solche Serenissimo vor Augen und zeigte, um wie viele tausend Gulden Se. Durchlaucht betrogen würden. Ob nun zwar Serenissimus mich nicht zu verrathen, sondern die Sach gründlich untersuchen zu lassen, die Fürstliche Parole gab, so wurde jedoch selbige nicht lange gehalten. Der Jud fand sich mit Serenissimo ab, ich aber wurde ein Opfer seiner Rache. Doch konnte er aller seiner von dem Monat Julio an gebrauchter Bemühungen ohnerachtet nicht ehender zu seinem Zweck kommen als bis zum Ausgang des Jahres, da mir den 26. Decembris am St. Stephanstag die Dimission ex officiis und dabei der Befehl ertheilt wurde, mich nicht ehender ex loco zu begeben, als bis meine ganze Amtsführung untersucht seyn würde.

Ich hielt mich von dieser Zeit an ganz still und, obgleich man mich von vielen Orten her animiren wollte, zu suppliciren, oder dem Juden gute Wort zu geben, mit der Versicherung, dass ich wieder Gnade zu hoffen hätte, so blieb ich doch unbeweglich und verliesse mich allein auf die Führung Gottes in der festen Zuversicht, dass er mich nicht verlassen würde, welcher treue Gott es hernach auch herrlich bewiesen hat. Gestalten den 12. Martii 1737 der Herzog an einem Steck- und Schlagfluss in Ludwigsburg aus dieser Zeit dahin gienge, den 14. darauf der Herr Administrator Carl Rudolf von Neustadt ankam und folgenden Tags den 15. Mittags nach 12 Uhr, da ich eben am Mittag-Essen war, nach Hof berufen liesse und mich zu Höchstdero Administrationsrath in Pflichten nahm.

Dieses gab mir sofort Anlass, dass ich auf meine Untersuchung drang, welche ich durch eine deputation, in deren Personen des damaligen Herrn Regierungsraths-Praesidenten v. Beulwitz, Regierungsraths Lang und Expeditionsraths Sicherer bestunden, erhielte, die mir die von dem Regierungsrath von Lamprecht Serenissimo defuncto übergebenen, in mehr als 100 Puncten bestehenden Anklagen, vorhielten, die ich den 26. Aprilis in einer Zeit von Morgens 10 bis 12 Uhr dergestalten mündlich beantwortete und zugleich documentirte, dass deren Ungrund und meine Unschuld so deutlich an Tag kame, dass ich den 29. darauf wieder in das vorherige Cammerdirectorium restituiret, mein Ankläger aber zu einer öffentlichen Ehrenerklärung, die ich ihm jedoch erliess, condemniret wurde.

Noch selbigen Tages musste ich nach Mömpelgard verreisen, um allda die Huldigung Namens des Herrn Administratoris und jungen Landesprinzen einzunehmen, so den 13. Maii geschahe, nach welcher ich durch die Schweiz retournirte und den 21. zu Haus wieder anlangte. — In eben diesem Sommer wurde nach Augsburg mit Herrn Expeditionsrath Mögling, um ein Anlehen zu negociren, und bald darauf mit Herrn RR. Weinmann sel. nach München wegen der Salz- und Wein Commercii versandt, da wir einen Contract mit dortiger Landschaft zwar errichtet, so aber von Electore nicht ratificiret worden.

Den 27. Octobris 1738 wurde ich nach Absterben des sel. Herrn Geh.-Rath Neuffer's zum Geh.-Rath von dem zweiten Administratore, Herrn Herzog Carl Friedrich, berufen und in das Collegium introducirt, doch musste noch das Cammerdirectorium beibehalten: anno 1739 wurde ich mit dem damaligen Oberfactor Wepfer nacher Mömpelgard wegen des Eisen-, Schmelz- und Hütten-Werks besserer Einrichtung verschickt, wohin ich den 20. Septembris abreisste, mit der Instruction, dass von daraus nach Paris, allwo dem Ansehen nach die Negociation wegen Restitution der Seigneurien auf dem Schluss stunde, mich zu begeben, und das Nöthige mit diesseitiger Gesandtschafft wegen der possessionsnehmung zu verabreden, wohin ich den 7. Octobris abginge. Als sich aber die Sachen aufs Neu zu verzögern anfingen, so reiste ich nach einem dreiwöchigen Sejour den 3. Novembris wieder ab, langte in Mömpelgard glücklich an, endigte alldort meine Commission und ginge sofort auf Prundruth zu dem Herrn Bischoff von Basel, bei deme wegen Aufhebung einiger sequestrirten Zehend eine Commission abzulegen hatte, der mich auf das Schloss logirte, und mit aller politesse tractirte; dies war aber auch Alles, was ich erhielte, mithin den 6. Novembris wieder von dar nach Stuttgart retournirte, allwo nach einem kurzen Aufenthalt in Basel und Strassburg am 3. Decembris glücklich Gott Lob! anlangte. In dem Jahr 1740, mense Julio, thate mit dem durchlauchtigsten Prinzen eine Reise von Wildbad aus auf Kl. Reichenbach, auf Freudenstadt und Alpirsbach, um die Bergwerke zu besehen, von dar über Sulz, Mötzingen, Böblingen wieder zurück. Mense Augusto 1741 resignirte ich mein Cammerdirectorat, und wurde Herr von Hardenberg zum Praesident und Herr von Seckendorf zum Cammermeister gemacht.

In eben diesem Sommer begleitete ich die durchlauchtigsten Prinzen auf einer kleinen Lustreise über Urach, Zwifalten, Ehingen, Blaubeuren, Ulm, Elchingen, Heydenheim, Königsbronn, von wo aus wir wegen des ausgebrochenen Krieges nach des Kaysers Tod und erfolgte Durchmarche der Französischen armée schleunigst rappellirt wurden. — Bald nach der Retour wurden die 3 Prinzen nacher Hohentwiel salvirt, allwo ich sie medio Octobris nach dem Herbst wieder abholte und nach Urach begleitete, wo sodann die Reiss nach Berlin resolvirt und ich als Ministre an König mit zu gehen beordert wurde.

Den 26. Novembris, Dominica I. Adventus, reisste ich ab von Stuttgart, ginge über Nürnberg, Coburg, Hildburghausen nach Stetten zu Herrn v. Keller, von dar auf

Leipzig, allwo ich die durchlauchtigsten Prinzen antrafe und mit Ihnen vollends nach Berlin abginge.

Den 16. Decembris arrivirten wir allda, und ich finge darauf an, meine Commissiones nach habenden Instructiones zu vollziehen.

Den 28. Junij 1742 machte ich eine Tour über Darsenow zu Herrn von Negedanck auf Hamburg, von wann ich den 8. Julij wieder nach Berlin kam.

Den 1. Octobris reisste ich auf Befehl des hiesigen Hofs noch einmal nach Darsenow, um mit Herrn v. Negedank eine gewisse Verabredung wegen Wider-Annehmung hiesiger Dienste zu nehmen, aber er refusirte alles, und war nicht zu disponiren. Er führte mich noch einmal auf Hamburg auf etliche Tage und den 12. Octobris kame wider zurück.

Den 23. Aprilis 1743 reisste ich auf Verlangen Ihrer Hoheit der verwittibten Erbprinzessin nacher Schwedt, blieb allda 2 Tag und retournirte den 25. ditto nach Berlin. Wegen sehr wichtig vorgefallener Sachen, die ich nicht schriftlich referiren konnte, musste ich auf Ansinnen des Königs eine Reise nach Stuttgart machen, die ich den 1. Septembris antratte und bis auf den 18. Octobris in Stuttgart verbliebe, meinen Rückweg sofort wider über Stetten nahme und zu Mohlsdorf dem gesammten Gotha'schen Hof meine Cour zu machen Gelegenheit bekam, den 2. Novembris aber wider in Berlin Gott Lob! wohl anlangte.

Ob ich nun zwar meinen Rappel von Stuttgart aus mit nach Berlin nahme, in der Absicht, noch solchen Jahrs meine gänzliche retour nacher Haus zu nehmen, so wurde jedoch solches von dem Königl. Ministerio um der damals vorgewesste allerhand wichtigen Staats-Sachen willen äusserst widerrathen und ich musste ausharren. Da sich dann bald anfangs des Jahrs 1744 das Majorennitaets-Gesuch, so sonderheitlich von des Königs in Preussen Maj. an dem Kayserl. Hof unterstützet ward, hervor that und sub finem Januarii die venia aetatis in Berlin einlieffe. Den 8. Febr. reisste hierauf der junge Landesfürst mit seinen Herren Brüdern und ich ingleich mit ab, langten den 13. ditto in Erlangen an und blieben bis den 1. Martii allda. In diesem Intervallo hatte sich der durchlauchtigste junge Herzog mit durchlauchtigsten einzigen Prinzessin von Bayreuth verlobt, da die erste Heurathpacta mit dem bayreuthischen Herrn Geh.-Rath v. Rothkirch entwerfen musste. Nachdem alles eventualiter zur Richtigkeit zwischen den beederseitigen Parties contractantes gekommen, reisste ich gedachten

1. Martii in Gesellschaft des von Berlin mitgebrachten neuen Regierungsraths-Directors Milius ab und kamen den 8. Martii in Stuttgart Gott Lob! glücklich an. Serenissimus cum matre Serenissima langten etliche Tage hernach ebenmässig glücklich an, und traten sofort auch dero Regierung an. Wurde nach Absterben des bayerischen Kaysers Caroli VII. zu Anfang des Jahres 1745 im Januario, sofort wider in Martio und Aprili, nach Augsburg bei damahligen Kriegstroublen und erfolgten Füssener Frieden zwischen Oestreich und Bayern geschickt, um auf die Bewegungen der beederseitigen armées und andere Vorfallenheiten ein wachsames Auge zu halten.

Nach erfolgter Röm. Kayssersswahl Francisci I., da die Königliche Armee nach bey Heydelberg stunde, und gegen die Franzosen eine beschwerliche Cantonnirung im Schwäbischen Kraiss und dem Herzogthum machen wollte, wurde ich den 15. Novembris zu dessen Abwendung an den Kayserl. Königl. Feldmarschall Graven v. Traun gesandt, und Gott gab Gnade, dass ich den 18. dicti nicht unverrichter Dingen zurückkam. Als in anno 1747 Frankreich dem hochfürstlichen Haus währender Campagne in den Niederlanden endlich die Restitution der bis dahin anno 1723 Sequestrirten Seigneurien resolvirt und die Tractaten zwischen dem französischen Ministre marquis de Puysieulx und dem Geh.-Rath v. Keller ziemlich weit avancirt waren, so wurde ich beym Eingang des Jahrs 1748 nacher Mömpelgard abgeschickt, um die viele, zur Possessions-Nehmung nöthige, Dinge zu praepariren.

Ich reiste den 3. Januarii 1748 von hier ab und nahm auf Befehl den Weg über Zweybrücken, um mich allda mit dem Geh.-Rath v. Wreede über verschiedene Dinge zu abouchiren, und als solches geschehen, setzte den Weg weiters über Strassburg nacher Rappoldsweiler fort, allwo bey dem Birkenfeldischen Rath Radius allerhand dienliche Nachrichten einzuziehen hatte, und, nachdem es geschehen, weiters nach Mömpelgard, allwo den 10. ditto angekommen.

Die Sachen verzögerten sich aber gleichwohl bis in Monat Junium, da Serenissimus auf Ihrer Reise nach Paris auch dahin kame, und einen Tag hernach der Geh.-Rath v. Keller anlangte. Serenissimus bliebe 5 tag lang allda und wir beede Geh.-Räthe schickten unss nunmehr an zur Possessions-Ergreifung.

Den 27. Junij reissten wir miteinander nacher Besançon, besorgten das nöthige bei der Intendance, und den 1. Julij gingen wir nach Passavant,

den 3. Julij nach Clerval
den 6. — — Granges
den 9. — — nach Longerel in der Herrschaft Chatelot
den 10. — — Hericourt
den 11. — — Blamont

und ergriffen überall nomine Serenissimi den Besitz und liessen uns huldigen.

Herr Geh.-Rath v. Keller reisste nachher ab und überliess mir das Geschäft im Elsass allein, nachdem wir vorher zu Strassburg die Abrechnung bei der Intendance ratione der revenüen, so a 1. Januario 1747 zurückgegeben worden, gepflogen.

Den 25. Julij nahme ich den Besitz von der Herrschaft Reichenweyer und den 26. von der Gravschaft Horburg ein und kehrte den 27. wider nach Mömpelgard, allwo ich so lange noch zu bleiben Befehl hatte, biss der neue Gouverneur Baron Gemmingen ankame.

Den 3. August aber erhielte einen Courier von Serenissimo, dass ich ohnvorzüglich nach Strassburg kommen und Ihrer Durchlaucht Ankunft allda abwarten sollte.

Den 4. reisste ich also völlig von Mömpelgard ab und wartete auf Serenissimum, so aber erst den 7. Nachts um 10 Uhr von Paris anlangte und folgenden Tags wider abreisste. Ich hatte noch einen Tag in Strassburg zu thun, und nachdem Alles richtig gemacht, so ging ich ab, und langte den 9. Abends in Stuttgart wider Gott Lob! wohl an. Von dieser Zeit an hatten meine Reisen ein Ende und ging auch mit mir keine Veränderung vor, bis auf annum 1755, da nach erfolgtem Absterben des sel. Geh.Raths v. Zech Serenissimus mich zu dem vacanten Consistorial-Praesidio den 6. Septembris aus eigener gnädigster Bewegniss mittelst eines decrets gnädigst beruften, auch zwey Tag vorher in einem sehr gnädigen Handschreiben das Ordens-Secretariat conferirten und durch den geh. Secretär Knaben das Ordenszeichen überschickten.

Den 9. darauf praesentirte ich mich dem consistorio und den 12. eröffnete zum erstenmahl den Synodum. Hier bin ich nun, o rede Herr, denn dein Knecht höret. Soweit gehet mein vita publica.

Ist noch übrig, dass ich zum Lob und Preiss Gottes noch einige Merkmahle seiner über mir gewalteten mächtigen Schutz-Hand hier anführe und meinen Söhnen zum Nachdenken aufzeichne.

Als ein Bub von 8 oder 9 Jahr reite ich aus meines sel. Vaters Stall ein Pferd in die Schwemme, oder Wotte, das Pferd, so eine kleine muntere Stute ware, wolte nicht in den rechten tiefen Ort, desswegen gab ihm mit der Spissruthen einen Streich, er schlug hinten aus, und warf mich übern Kopf in's Wasser; der nechst darbey wohnende GarnSieder eilte mit einer Stange herbey, und man triebe mich wie ein Stück Holz aus dem tiefen Gumpen hervor und zog mich sodann als todt heraus, aber die Hand Gottes erhielte mich doch beim Leben.

Etliche Jahre hernach, als an einem Freitag nach der Morgenpredigt die Kirchenmusic wie gewöhnlich sich in der Schule versammelte, um die Prob auf den nechsten Sonntag zu machen, so fehlte der Mössner Gauss als Altist, den sollte ich holen. Er war just bei der grossen Uhr auf dem Kirchthurn und richtete solche; da ich nun die Uhr sonst nie gesehen hatte, so ware ich fürwitzig, ginge um selbige herum und betrachtete selbige, sahe aber nicht auf den Boden und fiele damit in das Loch, wo die Seile und Gewichte der Uhr hinabgingen, ein ganzes Stockwerk etlich und 20 Schuh hoch hinunder auf den Boden. Aber auch da behütete mich der Engel Gottes, dass mir ausser einer kleinen Contusion am linken Fuss kein weiterer Schaden widerfuhr, da ich sonsten Hals und Bein hätte brechen sollen.

Auf der Universität Tübingen ging ich einst des Nachts mit einem meiner Tischpursch in der Statt spazieren. Derselbe spielte auf einem Dudelsack. Als wir in die Gegend des Hirschwirthshauses kamen, sprangen etliche besoffene Handwerkspursch mit blossen Gewöhr heraus und attaquirten uns, verfolgten aber hauptsächlich meinen Cameraden und hieben ihn in die rechte Hand dergestalt, dass er etliche Tage hernach an der Wunde starb, ich aber blieb ohnversehrt. Jener war ein einiger Sohn eines reichen Mannes von einer der angesehensten Familien allhier, ich aber eines Armen, von 7 Kindern. O, verborgener, aber auch gnädiger und barmherziger Gott!

In der anno 1718—1719 obgemeldten Belagerung von Melazzo bewahrte mich der liebe Gott ganz besonders. Dann als ich einst des Morgens früh ausginge und kaum aus dem Hauss ware, so fiel eine Bombe aus dem feindlichen Lager in mein Hauss und Zimmer just an das Ort, wo ich am Tisch zu sitzen pflegte, schlug den Boden durch, fiele in das andere Zimmer, wo der Regiments-Quartiermeister Feuerlin noch im Bett lage, von dar durch die Wand und fiele auf einen Misthaufen, allwo sie crepirte. Hätte mich nun, so zu sagen, Gott nicht bey der Hand aus dem Zimmer geführt, so wäre ich jämmerlich zugerichtet, wo nicht gar um das Leben gebracht worden.

Als ich anno 1721 von Neaples das letztemahl abreisste und bei guten Freunden auf dem Schloss St. Elmo Abschied nahm, begab es sich, dass im Herabfahren das Pferd wild wurde und anfienge auszureissen, dass es nicht mehr zu halten war; ich sprange daher aus der Chaise, verwickelte mich aber in die Leitseiler, fiele zu Boden und wurde eine grosse distanz weit geschlaifft, biss endlich das Pferd in einen Graben fiele und also still hielte. Ich wurde hiedurch an der ganzen linken Seite und Fuss sehr übel zugerichtet und musste 4 Wochen lang das Bett hüten. Der Herr Reg.-Rath Feuerlin, als damahliger Regiments-Quartiermeister, sasse bei mir und dem widerfuhr kein Schade, er konnte mir aber auch nicht helfen; hier war also wieder ein Wunder der Güte und Allmacht Gottes, dass ich das Leben nicht gar verlohren habe.

In anno 1736 mense Januarii wurde, wie bereits oben angeführet, von Herrn Herzog Carl Alexander Hochfürstl. Durchlaucht an zerschiedenen Stätt und Aemter auf'm Schwarzwald abgeschickt, auf welcher Reiss ich zu Schramberg, Baron Bissingischer Herrschaft, übernacht bliebe, des Morgens aber nach Hornberg abreiste und von dem Wirth ein paar Pferd Vorspann nahme, um den Berg hinauf desto leichter zu kommen. Am Ende des Orts musste ich eine Brucke passiren. Mitten auf derselben wurde eines der Vorspannpferde an der rechten Hand scheu, drang auf das andere linker Hand und den Vorreuter dergestalt, dass diese beiden Pferde sammt dem Reuter linker Hand die Brucken hinabfielen, und noch das dritte linker Hand aus der Mitte mit sich hinabzogen. Gott aber gab Gnade, dass die Stricke der hinabgefallenen von denen übrigen 3 Pferden los rissen, welche bereits auch auf dem Bord stunden, mit sammt dem Kutscher hinabgezogen zu werden, welches, wann es Gott nicht verhütet hätte, mir, dem Kutscher und Bedienten, so auf dem Bock stande, ohnfehlbar das Leben würde gekostet haben. Aber, o ein treuer Gott, welcher die Menschen nicht gerne lasset umkommen, sondern Frist giebet, dass sie zur Erkenntniss der Wahrheit und des Heils kommen!

Noch einer andern augenscheinlichen Todesgefahr entging ich in dos sel. Geh.Raths v. Zech Haus in dem Jahr, (ware ohngefähr anno 1739 oder 40) als dessen sel. Herr SchwehrVatter das Haus repariren liesse. Wohlgedachter Herr Geh.Rath führte mich im Hauss, wo man oben baute, herum, ich kam auf ein faules und mürbes Brett mit dem linken Fuss zu tretten, dieses brach just so weit, als der Fuss breit war und ich sauk mit dem ganzen linken Fuss, bis fast um die Hüfte herauf in's Loch, und zerrisse den Fuss erbärmlich. Man zog mich heraus ohne weiteren Schaden, ausser dass die Haut des Fusses bis an Schenkel fast ganz geschunden ware. Wäre das ganze Brett gebrochen, so wäre es widermahlen um mich gethan gewesen. Aber auch hier hat mich die Fürbitte Jesu, des grossen Menschen- und Sünderfreunds, erhalten, dass ich ohnfruchtbarer Baum nicht bin aus dem Lande der Lebendigen ausgehauen worden, denn er wollte noch ferner um mich graben und warten, ob ich einstens Frucht bringen würde.

Wie wunderbarlich mich der barmherzige Gott unter der Jud Süssischen Verfolgung bewahrte, dass ich nicht einen krummen Tritt gethan, noch mich ihm schändlicher Weise, wie damals leider viele gethan, zu Füssen geworfen habe, ohnerachtet es nur auf diess angekommen wäre, dass ich hätte können wieder zu Gnaden kommen, habe ich zum Theil oben schon berühret. Der treue Gott hat an mir Unwürdigen sein Wort und Verheissung: „Ich will dich nicht verlassen, noch versäumen &c.“ erfüllet und überschwenglich an mir gethan über alles, was ich bitten und verstehen können. Gelobet sey sein heiliger Name immer und ewig, und dies werde geschrieben auf die Nachkommen.

Dieses sind nur wenige Exempel der, über mir durch mein ganzes Leben hindurch besonders gewalteten, gnädigen Vorsehung und Erhaltung Gottes.

Hohentwiel, ce 3me Sept. 1741.

Monsieur

M'intéressant infiniment à la mémoire d'un des plus beaux génies de nos jours, j'ai bien voulu me charger à la prière de Mr Segui d'un certain nombre de souscriptions; Je ne les remplis que des personnes que j'aime et j'éstime particulièrement: vous sentez bien mon cher Don Bartholomeo (Manu propria) que votre nom est des premiers sur la liste. Voilà un placart et un billet de souscription, qui vous doivent être un gage de l'amitié véritable, avec laquelle je serai toujours Monsieur Votre tres affectionné

Charles Eugene Duc de Wurttemberg m. pr.

Receveur Mr. De Stochorn.

Mr. le Conseiller Intime de Georgy.

Abschrift

eines, in dem Königlichen Filialarchive in Ludwigsburg aufbewahrten, in den „Geheimenraths-Akten Rubr. X Fasz. Nr. 1bb befindlichen Aktenstücks d. d. 20. Septbr. 1741.

Durchlauchtigster Herzog.
Gnädigster Fürst und Herr.

Stuttgart — Canzley.
Geheimer Rath und Cammer Director
um gnädigste Abnahme des Cammer Directorii
d. 20. September 1741.

Es sind nunmehro bald 11 Jahr verflossen, dass weyl. Herrn Herzogs Eberhard Ludwigs hochfürstliche Durchlaucht mich als damahligen Regierungsrath bei fürstlicher RentCammer zum Procuratore zu ernennen gnädigst geruhet; welche Stelle ich auch, und zwar die meiste Zeit allein, ohne Präsidenten oder Director, under Göttlichem Beystand so lang versehen habe, biss es des letztverstorbenen Herrn Herzogs Carl Alexanders hochfürstlicher Durchlaucht gnädigst gefallen, mich auf Georgii 1736 zu dem lang vorhero erledigt gestandenen Präsidio alss würcklichen Cammer-Directorem gnädigst zu beruffen. Nach dem in anno 1738 erfolgten sel. Absterben des Geheimen-Rath Neuffer's haben Ewer hochfürstliche Durchlaucht mich gewürdiget, diese erledigte ordinari Stelle mit Beybehaltung des Rent-Cammer Directorats, und dem Supplement zu einer gewöhnlichen gelehrten Geheimen-Rathsbesoldung mir gnädigst zu übertragen. Diese beede Stellen habe ich also nunmehro 3 Jahr lang, mit göttlicher Hülfe, dergestalt conjunctim versehen, dass ich hoffe, wie in meinen vorhergegangenen, so auch in diesen Diensten, dem hochfürstlichen Hauss und Landen nicht ohne Nutzen gewesen zu seyn.

Wer diese dreyerley Periodos, in welchen ich in vorbemeldten dreyen Stationen nach einander zu dienen die Gnad gehabt habe, kennet, der weisst auch, mit was ohnsäglicher Mühe und Fatigue, mit wie vieler Gefahr, mit welcher grosser Verantworttung, mit was vor mancherley Bedruckungen und mit wie viel 1000. Sorgen, Kummer und Verdruss solche meine gantze 20- sonderlich die letzte 10-jährige AmtsZeit verknüpffet gewesen sey? Da ich nun in selbiger meine meiste Leibes- und Gemüthes Kräfften consumiret, und ich bey mir mercklich spüre, dass ich die continuirten Arbeiten, ohne das von Gott gesetzte Ziel meiner Tage selbst zu verkürzen, viel länger zu versehen und nach ihrer Behörde auszurichten, nicht im Stande bleiben dörffte, vielmehr under der Einem alleinigen Mann allzugrossen Last in Kurzem gäntzlich underligen müsste, da es bey mir nicht auff die blosse besuchung der bestimmten Canzley Stunden in zweyen differenten Collegiis, sondern auff den ohnglaublich grossen und nie auffhörenden Anlauff so vieler 1000. Sollicitanten, welche, nebst denen übrigen Departements so des Nachmittags besorgen muss, mir weder tags noch nachts fast die geringste Ruhe gelassen haben, ankommet. Alss erkühne ich mich, Ew. Hochfürstliche Durchlaucht underthänigst und respectueusest zu bitten, in mildesten Betracht, ich fast ohne Exempel nun schon so lang under der so schwehren Cameral Last geseuffzet, mir selbige nunmehro in hohen Gnaden abzunehmen, und mich dardurch desto tüchtiger zu machen, den noch übrigen Rest meiner Leibs- und Gemüths Kräfften, nach dem Vermögen das Gott darreichen wird, dem Dienst des hochfürstlichen Hauses und deren gesammten Herzoglichen landen vollends widmen zu können.

Der ich under anhoffend gnädigster Willfahr in profondestem Respect verharre

Euer Hochfürstlichen Durchlaucht

underthänigst-treu gehorsamster Geheimer-Rath und Cammer Director

G e o r g i i.

Adresse:

Dem durchlauchtigsten Fürsten und Herrn, Herrn Carl Friederich, Herzogen zu Württemberg und Töck, auch in Schlesien zu Oelss und Bernstatt, Graven zu Mömppelgartt, Herrn zu Heydenheim, Sternberg, Medzibohr und des freyern Kgl. Burglehens Auras, des Kgl. Polnischen weissen Adler-Ordens Rittern etc. Administratori und Ober-Vormundern,

Meinem gnädigsten Fürsten und Herrn etc.

Abschrift

eines in dem Königlichen Filialarchive in Ludwigsburg aufbewahrten, in den „Geheimenraths-Akten Rubr. X. Fasz. Nr. 16“ befindlichen Aktenstücks do. 25. November 1741.

Concept Decrets an Fürstl. Collegio.

Nachdeme bey dess Herrn Administratoris und Ober-Vormundes, Unsers gnädigsten Fürsten und Herrn Hochfürstliche Durchlaucht dero mitvormundschaftliche Geheimerath und Cammer Director, Johann Eberhard Georgii, widerhohlter unterthänigst vorgestellet, wessmassen Er, nach schon lange bekleideter Cammer-Procuratur- und Cammer Directoris-Stellen, umwillen seit einigen Jahren die Cameralgeschäfte sich allzusehr gehäuffet, von geraumer Zeit her bey sich befinde, dass weder seine Leibes noch gemüthskräffte fernerhin zureichen, seinem gedoppelten officio bey dem mitvormundschaftlichen Geheimenraths- und dem vormundschaftlichen Renth-Cammer-Collegio nach aller Nothdurfft vorzustehen, und dahero um gnädigste dispensation von diesem letzteren unterthänigst gebotten.

Als haben Seine hochfürstl: Durchlaucht, zwar einestheils Ihr gnädigstes Wohlgefallen über sein des Geheimen Raths Georgii bissherige Cameralgeschäften und Directorium zu bezeugen nicht umgehen, anbey aber auch in betracht der von Ihme angeführten Umstände sich nicht entziehen können, denselbigen von dem bissherigen Cammer-Directorio, in der Absicht, damit Er sich denen Geheimenraths Geschäften desto mehrers und vollständiger widmen könne, gnädigst, wie hiermit beschiehet, zu dispensiren, gedenken auch wegen der nöthigen Direction bey Dero vormundschaftlichen fürstl. Renth-Cammer unverzüglich eine anderwärtige Verordnung zu machen.

Decr. Stuttgart den 25. November 1741.

Copie Schreibens des Herrn Landprinzen Fürstliche Durchlaucht Carl Eugen an der Verwittweten Frau Herzogin Fürstliche Durchlaucht

(enthaltend: Bitte, den Geheime Rath Georgii nach Berlin — während des Verbleibens des Prinzen am Hofe Friedrich des Grossen — mitzusenden)

d. d. Urach 29. October 1741.

Madame et très chère Mama

J'ai vu avec un plaisir très sensible, que Monsieur le Duc et le Conseil approuvent le voyage et le séjour de Berlin proposé par la très chère Mama en suite des offres gracieuses du Roi -

Ma joie serait parfaite, si je ne voyais pas qu'on fait des difficultés sur les personnes, qui doivent me suivre, et avoir soin de moi de mes frères et de notre petite cour dans ce voyage. J'espère et je prie la très chère Mama d'insister à ce que l'on me donne point d'Etrangers puisque j'ai été en peu de temps assez privé des gens auxquels j'étais accoutumé. Je souhaite en particulier qu'on m'accorde M. Georgy comme un digne homme en qui j'ai volontier confiance; je crois être approuvé en cette demande puisque c'est un homme de l'Etat et de la Réligion du Pays par conséquent nullement suspect et dont le choix doit être agréable, je désirerais aussi, qu'on me tirât bientot d'ici, mais je suivrai en tout sans repugnances les ordres de la chère Mama, dont je reconnais les soins tendres maternels et desinteressés. Mes chers frères l'embrassent de tous leurs coeurs, ils ennuient ici comme moi et je serais toute ma vie avec le plus profond respect

de votre Altesse Sereniss.

le très humble et très obéissant

Serviteur et fils

Aurach 29. Oct. 1741. Charles Eugene D. de W.

Accreditiv für den Geheimderath Georgii
als Ausserordentlicher Gesandter an Fridrich den Grossen.

P. P.

Euer Königliche Majestät haben wir zwar noch erst kürzlich Unssere ganz besondere Verbindlichkeit vor die Uuss und Unsserem gesammten Fürstlichen Hauss so zerschidentlich erzeigte aussnehmende Gewogenheit schriftlich zu contestiren die Ehre gehabt, glauben aber Euer K. Majestät nicht unangenehm zu fallen, dass wir Unssern mitvormundschaftlichen Geheimerath Johann Eberhard Georgii aigens an Euer K. Majestät absenden und Ihme auftragen, Höchstdenenselben Unssere geziemende Danksagung mündlichen darzulegen, anebenst die Angelegenheiten Unsseres Fürstlichen Vormundschaftlichen Hausses bei gegenwärtigen Conjuncturen sonderlich aber die Persohnen Unsserer Frdl. geh. dreyer Vettern und Vormunds Söhne Liebden zu Euer Königl. Majestät hochschätzbaren Hulden, Schutz und Beystand gehorsamst anzuempfehlen.

Wir ersuchen demnach Eure Königliche Majestät hiedurch geziemend, nicht allein gedachtem Unserem Mit-Vormundschaftlichen Geheimenrath Georgii allergnädigst Gehör zu geben, sondern auch Demselben in allem Dem, so er in Unsserem Nahmen Eurer Königl. Majestät allerunterthänigst vortragen wird, vollkommen Glauben beizumessen, die wir übrigens Euer K. Majestät und höchstdero gesammtes K. Hauss göttlichem Macht-Schutz zu beharrlichem Hohem Wohlergehen, Unss aber zu ferner Hochschätzbarer Gewogenheit empfohlen und mit vollkommenster Hochachtung verharren

Euer K. Majestät

Stuttgart den 25. November 1741.

Lectum et approbatum in Consilio Secreto den 24. November 1741.

Herr Baron v. Hardenberg.
" " " Wallbrunn.
" Bilfinger.
" Georgii.

Antwortschreiben Fridrich des Grossen

an den Herzog Administrator in Württemberg, die Abberufung des Gesandten Georgii betreffend.

Durchlauchtiger Fürst, Freundlich Lieber Vetter.

Da Eure Liebden wie ich aus Dero freundvetterlichem Schreiben vom 28. Dezember des jüngst abgewichenen Jahres ersehen, gut gefunden, den an mich accreditirt gewesenen Mit-Vormundschaftl. Würklichen Geheimerath von Georgii von hier zurückzuberufen, So habe Ich Ihm nicht nur hiemit das wohlverdiente Zeugniss von seiner hieselbst mit vieler prudence, Dexteritaet und Geschicklichkeit und zu meinem ganz besonderen Vergnügen geführeten Negotiation ertheilen, sondern Euer Liebden auch ersuchen wollen, Ihm in Allem, was Deroselben Er von Meinetwegen zu hinterbringen haben wird, völligen Glauben beizulegen, als wohin ich mich beziehe und woraus Euer Liebden Beydes, Meine dem dortigen Fürstlichen Hause beständig gewidmete Freundschaft und die aufrichtige Zuneigung zu verspüren haben werden, mit welchen ich ohnausgesetzet bin und bleibe

Eurer Liebden Freundwilliger Vetter
Friedrich.

Berlin, den 3. Januar 1744.

Graf v. Podewils.

C. W. Borcke.

An den Herzog Administrator zu Württemberg.

Schreiben der Herzogin Maria Augusta,

Mutter des damals am Hof Friedrich des Grossen verweilenden Herzogs Carl, an Oberst Laubsky, mit Verweisung an Geheimderath Georgii.

Mein lieber Obrister v. Laubsky.

Demnach ich währeud meinem Auffenthalt allhier wahrnehmen müssen wie Er sich Keine Sufficiente authoritaet über meine Kinder und fürnehmlich über meinen ältesten Sohn giebet; als solle ich Ihme,

1) Auf das nachdrückligste an recommandiren und anbefehlen sich diessfalls besser zu prospiciren, mithin auff alles was er einem oder dem andern anbefehlet oder anrahtet, ferm zu seyn dass es genau von denenselben befolgt, wiedrigenfals mit ohnaussbleiblich geziemender reprimando oder auch proportionirter Straffe Sie dazu anzuhalten. Nicht weniger

2) Dieweilen mir auch zu ohren gekommen, dass der Herr Obrister zu Zeiten in seine verweiss etwas ungedultig und zu starck sich gegen Sie herausslasset: so gehet meine intention dahin dass es hinführo mit mehrerer sanfftmuth und gelassenheit obwohlen Strictè geschehe; auff dass fürnehmlich, da ich meine Kinder zu der grösten höfflichkeit und milde will angehalten wissen, Sie auch in solchen fällen weder zum unwillen noch durch schädliche exempel irre gemacht werden. Und da

3) Der Informator Déspars sich öffters in Sachen zu mischen die gewohnheit hat, sich auch zu viel aus dem Hausse folglich von meinen Kindern absentiret; als gehet mein befehl dahin dass der Herr Obrister Ihn eines besseren, doch mit guter art. und geziemenden Vorstellungen belehre. Zu solchem allem nun ist mein befehl und ernstl. wille dass

4) Der Herr Obrister fleissig über alles und jedes, wie es auch nahmen habe, mit dem Vormundschafftlichen Geheimbden Rath Georgy, als in welchem ich gleichfals ein besonderes Vertrauen setze, communicire, ihn mit zu rath und zu hülffe ziehe, auch so viel wie möglich nichts ohne desselben beystimmung in ansehung der erziehung und derer darinen vorkommenden vorfallenheiten meiner vielgeliebten Kinder thue; mithin beyderseits als mit zusammen gelegten Kräfften zu diesem wichtigen Werk gearbeitet, und dadurch alles einig, ruhig, und gemeinschaftlich zu desto grösserer allerseitiger legitimation und beruhigung nach meinem ernstlichen willen und ohnermüdetem wachtsamen Eyffer beobachtet und vollzogen werde.

Berlin, den 13ten Maji 1742.

Maria Augusta
Herzogin zu Wuerttemberg
manu propria.

(L. S.)

Schreiben des Herzogs Carl von Württemberg

an Staatsminister Georgii.

Mon cher Georgy,

J'ay appris hier de vous avec beaucoup de plaisir, que nos affaires à cause de Montbeliard ont réussi à notre gré, je scais fort bien que ce n'est qu'à vous, Monsieur, et à Messieurs vos collegues que j'en ais l'obligation: je vous rémercie donc, cher Georgy, de tout mon coeur, et vous prie d'être persuadez avec Mrs. vos collegues, que je n'oublieray jamais les bons services que vous avez déjà rendues, et que vous rendez encore journellement à la maison.

Mon cher Georgy

Berlin ce 11. Juni 1742.

Votre affectioné serviteur
et Ami
Charles Eugène Duc de Wurttemberg.

Monsieur Georgii
Ministre d'Etat de la Serenissime
Maison de Wurtemberg
à Berlin.

Prinz Ludwig Eugen,

nachheriger Herzog von Würtemberg, jüngerer Bruder des Herzogs Carl, bittet in einem Handschreiben vom 23. Juli 1750, also im Alter von 19 Jahren, den Staatsminister Georgii, welcher von 1741 bis 1744 mit den drei Prinzen Carl Eugen, Ludwig Eugen und Friedrich Eugen als Minister am Hofe Fridrichs des Grossen gelebt hatte, um Einsendung der berühmt gewordenen Rathschläge, die dieser König dem Herzoge Carl Eugen bei dessen Abreise aus Berlin Behufs einer segensreichen Regierung in Würtemberg ertheilt hat.

Monsieur

Oserai-je vous prier de vouloir bien m'envoyer les remonstrances des Etats du Pays au Duc et les informations que le Roi de Prusse a données à mon frére à Son départ de Berlin, concernant la vraie façon de se conduire dans l'Etat que le hazard lui a procuré? Vous avez eu la bonté de me promettre ces deux pièces.

Vous ne sauriez, Monsieur, vous imaginer mon impatience. Le sujet est beau. Le principe est sur. La conséquence ne peut qu'en être certaine. Que le Duc est heureux qu'un Roi tel que celui-là ait bien voulu l'instruire et le guider sur le chemin de la vraie grandeur! Ce chemin n'est pas si difficile, qu'on le pense. Le premier pas coûte, et quand il est surmonté on ne peut guère sortir de ce sentier si rarement battu. On passe aisément pour un génie élevé et supérieur dans le siècle où nous vivons faute de sujets. On dirait qu'il est défendu à l'homme de penser et qu'il ne lui est permis de s'appliquer qu'aux choses totalement inutiles et superficielles qui précisément marquent et caracterisent la faiblesse. Il nous est permis de parvenir à un certain degrès d'élévation; nous en avons les moyens. Ils sont infaillibles, nous les négligeons vivant plus pour notre corps que pour notre ame, qui selon moi est une des plus belles intelligences que Dieu ait crées. Que de plus honteux et de plus horrible?

La plupart des hommes ont une notion si faible de leurs ames, ou pour mieux dire n'en ont aucune, comment est il possible qu'ils agissent conformément à cette grandeur que la raison seule doit y imprimer? Pardonnez, Monsieur, toutes ces réflexions. Elles proviennent d'une douleur très vive des choses qui se passent sous mes yeux et sont moins l'effet d'un misanthrope que d'un mépris souverain que j'ai conçu pour la plupart du genre humain.

Je crains de vous ennuyer et finis en vous assurant de toute l'amitié la considération et l'attachement possible avec les quels je serai toute ma vie

Monsieur

Louisburg ce 23. Juillet 1750.

votre très-humble et très
obéissant serviteur et ami
Prince De Wurtemberg.

à Monsieur le Conseiller intime de Georgii
à
Stouccardt.

Göthe sagt über diesen Prinzen in seinen Schriften * Folgendes:

Mein Landsmann Johann Georg Schlosser hatte, nachdem er seine academischen Jahre mit Fleiss und Anstrengung zugebracht, sich zwar in Frankfurt a. M. auf den gewöhnlichen Weg der Advocatur begeben, allein sein strebender und das Allgemeine suchender Geist konnte sich aus mancherlei Ursachen in diese Verhältnisse nicht finden. Er nahm eine Stelle als Geheimsekretär bei dem Herzog Ludwig v. Württemberg, der sich in Treptow aufhielt, ohne Bedenken an (1756.) Denn der Fürst war unter denjenigen Grossen genannt, die auf eine edle und selbstständige Weise, sich, die Ihrigen und das Ganze aufzuklären, zu bessern und zu höheren Zwecken zu vereinigen gedachten. Dieser Fürst Ludwig ist es, welcher um sich wegen der Kinderzucht Raths zu erholen, an Rousseau geschrieben hatte, dessen bekannte Antwort mit der bedenklichen Phrase anfängt: Si j'avais le malheur d'être né prince.

---

* Aus verschiedenen Gründen ist anzunehmen, dass Göthe sich in dem Namen des Prinzen irrte: ohne Zweifel verwechselt er Ludwig Eugen mit dem jüngeren Bruder, Friedrich Eugen, welcher um jene Zeit in Treptow lebte, während Ludwig Eugen in französischen Diensten sich befand.

Paris ce 9. Janvier 1755.

Monsieur!

Je m'addresse à vous, puisque vous êtes Patriote, et qu'il n'y a que ceux que ce sentiment anime qui puissent sentir, jusqu'où peut aller l'amour de la Patrie. Vous savez combien mon Pays m'est cher, je lui conserve tous les instants de ma vie, combien de nuits, n'emploie-je pas à m'occuper de son bonheur. Puissent mes laborieuses veilles Lui être de quelque utilité: je travaille à un long ouvrage, je le confie à votre discrétion, vous seul le verra car vous êtes bon Wurtembergeois et pour l'achever il ne me manque plus que de savoir:

1) Les prétentions de la maison de Wurtemberg sur l'impératrice Reine,.
2) les créances c'est à dire le montant des dettes que la Cour de Vienne a contractée envers elle, la juste somme de ces dettes,
3) si la maison de Wurtemberg a des prétentions sur l'Autriche antérieur, d'où viennent ces prétentions, leur nature,
4) les forces par rapport aux subsides qu'on pouvait lui accorder,
5) son influence sur le cercle de Souabe,
6) les prétentions sur Ulm, et les autres villes impériales enclavées dans le Wurtemberg.

Voilà, mon cher ami, ce qui me manque et ce que je voudrais savoir, vous me le direz par mon zèle pour mon pays et par la confiance, et l'amitié que j'ai pour vous. Je vous abandonnerai mon ouvrage, s'il a pu vous plaire je le croirai digne d'être presenté, mais si au contraire il est mauvais, je le livre aux flammes. Le Duc seul le verra et vous autres Messieurs, si vous Monsieur l'avez approuvé. Le reste du monde l'ignorera toujours. Adieu, j'attend de votre amitié pour moi le plaisir, le service que je vous demande; soyez sur de ma tendre reconnaissance avec laquelle je serai toujours

Monsieur

Votre très humble et très
dévoué serviteur et ami
Louis Duc de Wurtemberg.

à Monsieur de Georgy conseiller intime.

à Wassorloos ce 21. Xbr. 1767.

Monsieur!

C'est aujourdhui un jour bien intéressant pour tous le bons Wirtembergeois. C'est le jour de Votre Naissance. Je le regarde comme un bienfait du ciel: car quelle plus grande faveur peut-il accorder au monde, que de faire naitre de loin en loin de ces ames pures et honnètes, qui flechissent par leurs vertus les decrets de sa juste colère?

Permettez-moi, Mon respectable compatriote, de saisir cette occasion de même que celle que m'offre la revolution de l'année, pour vous addresser les voeux ardens que je fais pour votre conservation et pour Votre prosperité, si intéressantes pour la Patrie et pour vos amis, au nombre desquels vous me ferez un honneur et une grace de vouloir bien me compter.

Vous êtes, Monsieur, la victime de votre amour pour la Patrie et de la persécution des méchans. Je vous en félicite de tout mon coeur. Je serois jaloux de votre gloire, si je n'étois pas bien persuadé que Vous la meritez beaucoup plus que moi. Le ciel Vous en recompensera, homme vénérable, et je ne cesse de le prier d'adjouter cette grace à toutes celles, dont il vous a déjà comblé.

Que ne pouvez-vous lire dans mon coeur, Monsieur? Vous y verriez les sentiments de la tendre amitié, de la gratitude, de la sincère estime et de la vénération avec lesquels j'ai l'honneur d'être

Monsieur

Votre très humble et très
obéissant serviteur et ami
Louis Eugène
Duc de Wirtemberg.

Faites agréer, Père respectable, à votre digne fils les sentiments et les assurances de mon amitié et de mon estime.

à Monsieur de Georgy
Conseiller intime
à Stouttgart.

Gedicht von Johann Eberhard Georgii,

verfasst in Georgenau, einem Familien-Stammgute, wo Johann Eberhard (eben aus Italien vom Kriege heimkehrend) sich aufhielt und, wie sein niedergeschriebener Lebenslauf aufweist, unschlüssig war, ob er den Österr. Dienst als General-Auditeur verlassen oder Württemb. Dienste, wie seine Eltern wünschten, nehmen sollte.

Auppel Loch per ἀνάγραμμα purissimum: Huc appello.

Humanam vastum vitam si dixeris, eheu
  Ut verum est! pelagum, quo Jovis unda nocet,
Ne mea naufragio se mens cum corpore perdat,
  H u c a p p e l l o Vatem: quam mihi tutus eris,
Sic laetabundus cogito, quam portus amoenus,
  Tutus ubi ventos spernere quosve queo.
In scopulis fugio scopulos, hominesque relinquo,
  In salebrisque feras quaerere solus amo.
Luporum silva est mundus repleta rapinis:
  Ast hac in silva bestia nulla nocet.
Hinc h u c a p p e l l o. Ignotus repetoque speluncam
  Mundo, cum praestet cognitus esse Deo.
Ejulat in mundo gens plurima, displicet illud.
  Ast avium, auditu, murmura suave placent.
Est hominum strepitus gravis: hic silentia nobis
  Dulcia susurrans nonnisi rumpit aqua.
Tityrus hic patulo recubat sub tegmine fagi,
  Non alibi facile cui datur ulla quies.
Hinc h u c a p p e l l o. Vos terque quaterque beatos
  Laudabo, vobis si locus hicce placet.
Et si vos mecum discetis spernere mundum.
  Fraus ubi virtutis noxia nomen habet.

d. 13. Maji 1721 in Georgenau.

Salva Prosodia Smetii.

Uebersetzung

des nebenstehenden lateinischen Gedichts.

Auppel Loch

durch Versetzung der Buchstaben (Anagramm) Huc appello (ich rufe hieher).

Das menschliche Leben lässt sich wahrlich mit einem weiten Meere vergleichen,
auf welchem auch eine kleine Welle Gefahr droht.
Damit nicht Leib und Seele im Schiffbruche verloren gehe,
rufe ich den Dichter hieher; wie sicher wirst du da sein!
denke ich in froher Stimmung. Welch' lieblicher Hafen,
in welchem ich allen Stürmen trotzen kann!
Auf den Klippen fliehe ich die Klippen und lasse die Menschen zurück;
Dem Wilde einsam nachzugehen macht mir Freude.
Die Welt ist ein mit reissenden Wölfen angefüllter Wald,
aber in unserem Walde schadet kein wildes Thier.
Darum hieher rufe ich und suche der Welt verborgen
eine Höhle auf, und halte mich einzig an die Gottheit.
Den Weltmenschen missfällt diess freilich, ich aber
ergötze mich an dem süssen Geflüster der Vögel.
Wie lästig wird das Geräusch der Menge; hier ist es
das Gemurmel des Baches allein, was die Stille unterbricht.
Hier ruht Tityrus* unter dem breiten Dache der Buche,
da er anderswo nicht leicht Ruhe findet.
Darum hieher rufe ich. Euch preise ich drei- und viermal glücklich
wenn Euch dieser Ort gefällt,
Und wenn Ihr lernt, mit mir die Welt zu verachten,
in welcher der Betrug den Schein der Tugend annimmt.

Den 13. Mai 1721 in Georgenau.

* Der Name eines Hirten bei Virgil.

General Georgii

zeigt dem Herzog den Tod seines Vaters, Geheimeraths Georgii, an.

Durchlauchtigster Herzog
Gnädigster Herzog und Herr!

Gleichwie bei gestriger unterthänigster Ansuchung, um gnädigste Urlaubsverstattung hieher nach Stuttgart abgehen zu dürfen, allbereits vorläufig gehorsamst angezeiget: also erachte meiner Treu devotesten Schuldigkeit zu seyn, Ew. Herzogl. Durchlaucht in mehrerem ehrerbietigst zu hinterbringen: dass es dem Herrn über Leben und Tod gefallen meinen geliebtesten Vater, einen durch drei Herzoglichen Regierungen beinahe fünfzigjährigen gewesenen Rath und Diener, gestern Nachmittags zwischen zwei und drei Uhr in dem 72sten Jahre aus dieser Vergänglichkeit in die seelige Ewigkeit abzurufen.

Derselbe hat in seinem Leben mehrmalen die Weisung gegeben, Ew. Herz. Durchlaucht nach seinem Ableben, Höchstdenselben vor alle ihme und den seinigen auf mancherleiweise erzeigte Höchste Hulden und Gnaden den tiefest devotesten Dank mit diesem grundmüthigsten Wunsch zu Füssen zu legen; Dass der Vergelter alles guten jene Höchstdenselben mit einem vollkommensten und ohnunterbrochenen Herzgl. Wohlergehen bis in die späteste Zeiten reichlich erwiedern möge; Wannenhero dieses Auftrags hiedurch mich respectuosest entledigen zugleich aber auch die Unterthänigste Freiheit nehmen wollen, zu fürwährender Herz. Gnaden mich und meinen Bruder in Mömpelgard Submissest zu empfehlen.

Unter vielen andern Herzogl. Gnaden-Bezeugungen Ew. Herz. Durchl. meinem abgeleibten Vater auch diese zu erzeigen geruhet; dass derselbe das Secretariat Höchstdero Grosen Herzogl. Ordens geraume Jahre lang bekleidet:

Höchstdieselbe vergönnen gnädigsten hinterbringen zu dürfen, dass nicht nur das deshalben getragene Herzogl. Höchste Gnadenzeichen, sondern auch die etwa vorfindliche Orden-Aktenstücke Höchstdero Regierungsrath und Geheimen Cabinets Secretario, auch Ordens Registratori, Schmidlin abgeliefert werden worden. —

Nichts wird mir in meinem Leben angelegener seyn, der Höchstdero Herzogl. Gnade mich würdig zu machen, zu welcher mich und meinen Bruder so mehrerer submissest empfehle, als wir beede uns beeifern werden, zu bewähren, dass wir mit treu devotester Unterwerfung lebenslänglich seyn

Ew. Herzogl. Durchl.

Stuttgart, 21. Juni 1772.

unterthänigst treu gehorsamster
Ch. Georgii, General-Major,
Chevalier.

Antwort des Herzogs Carl.

Mein lieber General:

Ich habe das fernerweitige Schreiben, welches der Herr General wegen dem erfolgten Absterben seines Vaters, Meines gewesenen Geh.Raths, unterm 21. ds. an mich erlassen, erhalten und, gleichwie ich demselben Mein tiefes Bedauern über diesen Todesfall bereits zu erkennen gegeben habe, also wird der Herr General, was dessen angehängtes Petitum betrifft, bis dahero von meiner für ihn hegenden Herzogl. Gnade schon überzeugt worden seyn, welche er sich auch in Zukunft um so gewisser zu versprechen haben wird, als ich mich von seinem fernerem Dienst-Eifer und attachements versichert halte, und wird auch dessen Bruder in Mömpolgard bei seinem fortgesetzten Fleiss und application meiner Herzogl. Huld und Protection ebenfalls wie bishero zu erfreuen haben.

23. Juni 1772.

Ich bin etc.
Carl.

III.

Erhard August Georgii,

Syndikus der freien Reichsstadt Ravensburg, und einer unmittelbaren freien Reichs-Ritterschaft in Schwaben, Orts am Neckar und Schwarzwald, Consulent.

Geboren 22. Juli 1700.

Gestorben 18. Juli 1742.

Lebenslauf des Herrn Erh. August Georgii,

Syndikus der freien Reichstadt Ravensburg, und einer unmittelbaren freien Reichs-Ritterschaft in Schwaben, Orts am Neckar und Schwarzwald, Consulent, verheirathet mit Johanna von Welz, Tochter des Herrn Thomas von Welz, Syndikus der freien Reichsstadt Lindau, des Wohl Adelichen Patriciats und eines Consistorii Praeses, gestorben zu Tübingen, wohin er eben erst von der Reichs-Ritterschaft berufen worden war.

NB. Der in Nr. II. erwähnte Staats-Minister Joh. Eberh. Georgii war sein Bruder.

Es ist nehmlich Unser seel. Verstorbener Herr Consulent gewesen der HochEdelgebohrne und Hochgelehrte Herr Erhard August Georgy, Licentiatus Juris, einer freyen unmittelbahren Reichsritterschafft in Schwaben, Orts am Neccar und Schwarzwald, höchstverdienter Consulent, welcher den 22. Julii ao. 1700 zu Urach das Licht dieser Welt zu dem grösten Vergnügen seiner hochwerthesten Eltern erblicket hat. Innmassen sein seel. Herr Vatter in dem Seegen gewesen, der HochEdelgeborene und Hochgelehrte Herr, Johann Martin Georgii, J. U. Licentiatus, Hochfürstlich Württembergischer Stadt- und Amts-Vogt zu Urach, seine seel. Frau Mutter aber ware die HochEdelgebohrne, Hoch-Ehr- und Tugendbelobte Frau, Catharina Margaretha Georgin, eine gebohrene Küfferin. Gleichwie nun diese Hochangesehene Eltern unserem seel. Hrn. Consulenten zu besonderen Ehren und Zierde geraichten, also hat auch derselbe das Glückh gehabt, in seinen Hochzuehrenden Vor-Eltern die vornehmste und ansehnlichste Männer zu veneriren. Dann sein Herr Grossvatter vätterlicher Linie ware der HochEdelgebohrne, Hochachtbar und Hochgelehrte Hr. Jacob Simon Georgii, des weltberühmten eyfrigen Evangelischen Fürsten und Herrn, Herrn Leopoldi Ludovici, Pfalzgraffen Bey Rhein, Herzog in Bayern,

Graffen zu Veldenz etc. vieljähriger Höchstverdient- und Hochangesehener Hoff- und Cammer-Rath, auch bey der Stadt Strassburg, alss sie noch eine Röm. Reichs Stadt ware, Hochrühmlicher Kriegs Secretarius und Assessor des grossen Raths; die Frau Grossmutter aber vätterlicher Linie ware die HochEdelgebohrne Hoch-Ehr- und Tugend-Begabte Frau, Eva Johanna, eine glückliche Tochter des wohlgebohrnen und gestrengen Herrn Samson von Stengern auf Falkenstein und Dählingen, Hochgräfflichen Reingräfflichen Raths und Oberamtmanns der Herrschafften Mörchingen und Diemeringen. Der Herr Grossvatter mütterlicher Linie ware der HochEdelgeborene und Hochgelehrte Herr, Erhardt Küoffer, J. U. L., und Hochangesehener Hochfürstlich Marggräfflicher RentCammerRath und Vogt zu Pforzheim. Die Frau Grossmutter mütterlicher Linie ware die Hoch-Edelgebohrne und Hoch- Ehr- und Tugend-Belobte Frau Susanna Margaretha Küefferin, eine gebohrne Daggerin, von Stuttgart. Es wäre nun leicht, zu des seelig verstorbenen Herrn Consulenten grossen Ehren, die uhrgrossvätterliche und uhrgrossmütterliche und noch weiter aufsteigende Linien anzuzeigen. Es lässet sich aber aus dem Bisherigen sattsam schliessen, wie alle Dieselbe Hochangesehene und Hochbelobte Leüthe gewesen seyen, dass wir uns also hierinnen der Kürze befleissen wollen. Es haben aber die obengemelte Hochwerteste Eltern unsers seel. verstorbenen Herrn Consulenten bey ihme, als einem neü gebohrnen Höchstorfreulichen Sohn, ihre Christ-Elterliche Sorgfalt dahin getragen, dass derselbe dem göttlichen GnadenBund durch die Heilige Tauffe, als durch das Baad der wiedergeburth, möchte einverleibet werden, und gleichwie sie hierauf einen glücklichen wachsthum an demselben zu ihrem innigsten Vergnügen gesehen, also liessen sie sich seine fernere Erziehung recht ernstlich anbefohlen seyn, um so mehr, als sein fähiges Naturell eine besondere Auffsicht verdienete; desshalben auch sein gelehrter Herr Vatter ihme zuerst in Urach zu cultivirung seines guten Ingenii die Schule biss in das 14. Jahr frequentiren liess, so dass sein hochwerthester Herr Vatter noch selbsten darbey einen guten Grund durch Gottes Gnade in Ihn zu legen angefangen, worauf Er dann nachgehends mit guten und rühmlichen fundamentis in das Hochfürstliche Gymnasium zu Stuttgart translocirt worden, allwo unser seel. Herr Consulent in die 3 Jahre äusserst bemühet war, sich dergestalten zu habilitiren, dass Er zu denen Universitätsstudiis bäldestens tüchtig werden möchte, welches

Ihme auch unter getreuer Anführung seiner damaligen Herrn Professorum, und unter einem anhaltend rühmlichen Fleiss so gut gelungen, dass Er nach solch verflossenen 3 Jahren mit besonderen Ehren und vielem Lob auf unsere allhiesige berühmte Universität Tübingen in das Stipend. Mart. promovirt wurde, da Er dann den 23. Maji 1718 unter dem Rectorat Sr. Excellenz Herrn Prof. Creuling's als ein studiosus Juris eingeschrieben, und darauf 3 ganze Jahre hindurch diesem seinem studio beflissenst obgelegen, und seiner damaligen Hochberühmten Herrn Professorum hohe Gelehrsamkeit in unterschiedlichen Collegiis zu seinem gewessten Vortheil angewendet hatte. Es hat aber unser seel. Herr Consulent vor allen Dingen ein Collegium Morale bey dem seel. Herrn Prof. Rösler mit grossem Nuzen und Vergnügen gehöret. Sodann hat Er bey dem seel. Herrn D. Grassen Collegia Institutionum et Pandectarum auf das fleissigste frequentiret.

Besonders aber hatte Er sich unserm dermaligen Herrn Rectori Magnifico, dem Herrn Dr. und Prof. Helfferich eiferigst übergeben; inmassen Er in 6 Collegiis sich von denenselben informiren lassen: als erstlich in einem Collegio über die Reichs Historie, 2) in einem Collegio über die Notiz derer Staaten von Europa, 3) in einem Collegio über die Zeitungen, 4) in einem Collegio über das Jus publicum, 5) in einem Collegio über die Heraldic, und 6) in einem Collegio über das Jus Feudale.

Auf dieses alles nun gedachte dannoch unser seel. Herr Consulent noch nicht einen öffentlichen gradum anzunehmen, obwohlen Er Geschicklichkeit und Erudition genug hatte, sondern er bezeügte vielmehr noch zerschiedene Raysen vorzunehmen, damit Er sich dessfalls noch mehrers perfectioniren möchte. Und zwar gefiel es ihme zuletzt, mit Bewilligung seiner Hochwerthesten Eltern, die damals berühmte Lothringische, anjezo französische, Universitaet Pontamusson zu besuchen, allwo er ein Jahr lang in studiis zugebracht, sich aber auch hauptsächlich in der französischen Sprach geübt; da Er dann nach glücklicher Erhaltung seines belobten Endzwecks von daraus sich vorgenommen, auf die berühmte Universität Strassburg zu gehen, und allda Licentiam zu nehmen, welches Er hernachmals auch nach einer vorher gehaltenen Disputation de Singularitate Testium, bey welcher Er als Author praesidirt, im Monath Majo ao. 1721 würcklich sehr rühmlich vollzogen hat. Auf dieses besahe und durchreyste unser seel. Herr Consulent das Königreich Frankreich, und langte endlich ao. 1722 wiederum allhier in Tübingen ganz glücklich und Ehren- und Freüdenvoll an; Er hatte auch so bald darnach zu seinem billigen Verdienst das schöne Glückh, als HoffGerichtsAdvocatus auf Ravenspurg vocirt zu werden, da Ihme dann seiner besondern Klugheit und Geschicklichkeit halber bald daselbs das Amt eines CanzleyVerwalters beygeleget worden. Aber auch diesem hatte unser seel. Herr Consulent so beliebt vorgestanden, dass Er ao. 1737 als verdientester wuercklicher StadtSyndicus angenommen worden, deme er gleichfalls mit grösten Ruhm nach allen ihme damals obligenden Pflichten vorgestanden.

Anno 1724 fügte es sich nach Gottes weiser Vorsehung, dass Ihme zu seiner liebreichest und getreüesten Eheliebstin beschehret worden die Hoch-Edelgeborne und Hoch- Ehr- und Tugend-Begabte Jungfer Anna Christina, eine gebohrene von Welz, des weyl. Wohlgebohrnen und Hochgelehrten Herrn Thomä von Welzen, J. U. D.^{ris}, einer Löbl. freyen ReichsStadt Lindau, auch anderer Hoch- und Löbl. Ständen des Reichs selbiger Enden gewesenen vieljährigen Raths und Consulenten, Præsidis des dasigen Patriciats und Consistorii, eines sonderheitlich der gelehrten Welt wohlbekannten und berühmten grossen Juris Consulti, hinterlassene EhrenTochter; deren Frau Mutter aber ware Anna Christina, eine gebohrene von Eberts, welches Hohe Hauss selbiger Enden ebenfalls Hochangesehen ware, dero Herr GrossVatter Väterlicher Linie ware Herr Johann Conrad von Weltz, Medicinæ Doctor und 40 Jähriger Burgermeister zu Lindau, auch Præses des dortigen Patriciats und Consistorii, die Frau Gross-Mutter aber Vätterlicher Linie ware die Hoch-Edelgebohrne und Hochbelobte Ehrenfrau, Frau Anna Maria, eine gebohrne Luzin von Lindau. Der Hr. Gross-Vatter Mütterlicher Linie ware der Wohlgeborene Herr Georg Christoph v. Eberts, gewesner Bancquier in Venedig, die Frau GrossMutter aber Mütterlicher Linie die HochEdelgebohrne Frau Susanna, eine gebohrne Baldinhoferin. Wie vergnügt und erfreülich aber unser seel. Herr Consulent mit dieser Hochbelobten und nun Höchstbetrübtesten Frau Wittwe in der Ehe gelebet habe, ist zum Preiss Gottes nicht genugsam zu rühmen. Es hat sie auch desswegen der Herr des Himmels allzeit gnädig angesehen, und ihnen insbesondere zu dero zeitlichem Vergnügen das Ehebett mit 7 angenehmen Kindern, 2 Söhnen und 5 Töchtern, gesegnet, davon 1 Sohn und 2 Töchter ihren seel. Herrn Vatter nun in der Ewigkeit werden empfangen haben; dass also nach Gottes willen noch im Leben als betrübte Waysen übrig sind 1 Sohn und 3 Töchtern, welchen allen reiche göttliche Vorsehung zu ihrem vätterlichen Seegen von oben geschenket werde! Doch dass wir auch weiter auf unsers seel. Herrn Consulenten rühmlich geführtes Leben kommen, so könnten wir zwar von demselben Viel schönes anführen und anpreisen; es wäre aber des seel. Herrn Consulenten noch im Leben öffters bezeugten löblichen Intention zuwider, viele Wortte davon zu machen, dass wir also zufrieden seyn, dass eine liebwerthiste Gemeinde selbsten alles Lobenswürdige von Ihme gedenken werde. Doch wollen wir nur etwas kurzes und mit dreien Worten von Ihme sagen. Wir betrauren an Ihme ein Muster eines klugen, gottseeligen, aufrichtigen und vernünftigen Mannes. In denen Pflichten gegen Gott erwiese er sich devot und eyferig, venerirte besonders die Göttliche offenbahrung, hielte sich auf das fleissigste zu denen aeusserlichen Christlichen Versammlungen, und demüthigte sich auch öfters wahrhaftig, dass sein Erlöser mit seinem heiligen LiebesMahl Ihn desto kräftiger erquickte; sein NebenMensch hatte sich alle Zeit von Ihme einer mit Herz und Mund verbundenen Redlichkeit eines ernsthaften, doch mit Anmuth vermischten Umgangs zu versichern.

Auch darf man ferner mit WahrheitsGrund bekräfftigen, dass er gegen sich selbsten immer vornehmlich eine solche Bescheidenheit blicken lassen, die das Kennzeichen einer unverstellten Demuth von sich gabe.

Das Uebrige aber, wie gemeldet, überlassen wir der unparteyischen Beurtheilung so wohl Hoher als Niedern, und kommen jezo auf seinen so höchst fröhlich- als betrübten und gefährlichen Ab- und Aufzug von Ravenspurg auf unser liebes Tübingen.

Nachdeme nehmlich Unser seel. verstorbene Herr Consulent von zerschiedenen Hochlöblichen Ständen an Ihme beschehene ernstliche vocationes sich jederzeit um besonderer Umstände willen unterthänig und gehorsamst abgebetten, so hatte er endlich die Gnade, als Ritterschaftlicher Consulent hiehero auf Tübingen promovirt, und in Ansehung seiner schönen Meriten höher bedacht zu werden.

Dieses sein neues Amt aber anzutretten, hatte er vor ohngefähr 18 Tagen seinen Ab- und Aufzug unter dem Seegen und Führung Gottes vorgenommen, und ist auch, welches Er in diesen wenigen Tagen seines Hierseyns zum Preiss über die vorsorgende Güte Gottes öffters mit grösster Freudigkeit und Gemüthsberuhigung gerühmet, ganz glücklich und wohl zu dem grössten Vergnügen Sr. Hochzuehrenden Herrn Gebrüdern und dero Hochwerthesten Dependenz hier angelangt. Layder ist es aber Gottes Verhängnuss, dass wir von seinen Thaten und LebensWandel, so er hier zu führen sich unter Gottes Beystand vorgenommen, nichts zu sagen wissen, als wie er nicht lang hernach sich krank gelegt, und zu seinem bald darauf erfolgten seeligen Ende geeilet (am 11. Juli 1742, im 42. Jahre seines Lebens).

Heirathsbrief des Erh. August Georgy,

Canzlei-Director der Reichstadt Ravenspurg,

und der Jungfrau Anna Christina von Weltz.

11. April 1724.

Kund vnd zu wissen seye hiermit allermänniglich mit diesem Brief: dass in dem Nahmen der Hochheiligen Dreyfaltigkeit, und zu Derselben Lob, Ehr, und Preis, gleich auch zu Erhalt- vnd Mehrung guter Freündschafft eine Ehrliche und Christliche Heürath abgehandelt und beschlossen worden, Entzwischen dem HochEdlen, Gestrengen, und Hochgelehrten Herrn Erhard Augusto Georgy, Icto, und dermahligen Canzlej-Directore bej Wollöbl. des Heil. Reichs Statt Ravenspurg, des HochEdlen, Gestrengen und Hochgelehrten Herrn Jo. Martini Georgy, J. V. Lic. Hochfürstl. Würtemberg. Rhats und Vogten der Graffschaft Aurach, und der auch HochEdlen, HochEhrntugendsamen Frawen Catharina Margarita gebohrner Küefferin Ehleiblichem Herrn Sohn, und der HochEdlgebohrnen Jungfraw Anna Christina von Weltz, des HochEdlgebohrnen und Hochgelehrten Herrn Thomas von Weltz, Icti, Löbl. des Heil. Reichs Statt Lindau verordneten Consistorial Praesidenten, und ältern Syndici etc. wie auch der HochEdlgebohrnen Frawen Anna Christina, gebohrner von Ebertz Ehlich erbohrnen Jungfraw Tochter, mit Consens der beedseitigen Hochwerthen Eltern, und Vorhelffen und Zuthun der beedseitigen Hochansehnlichen nechsten Herrn Befreündten und Anverwandten etc. auf Mass, Weiss und Ordnung, wie unterschiedlich hernach folget.

Nemblich und vors Erste, so nimbt der Herr Lic. Erhard Augustus Georgy Sie Jungfraw Annam Christinam von Weltz, und diese Jhne hinwiederumb, vnter Anruffung des Allerhöchsten, zu einem Ehlichen Gemahel auf und an: Welcher Verspruch hiernechst durch Priesterliche Copulation nach Ordnung der Evangelischen Kirchen, zur schlüssigen Würcklichkeit geführet werden, auch Sie Beede Ehegemächt in währendem Ehestand einander getreülich beywohnen, und keines das andere in Lieb und Leid nicht verlassen sollen noch wollen.

Hierauf, und vors Andere, so bringet die Jungfraw Anna Christina von Weltz ihrem erkiessten Ehherrn zu einem rechten Heürathguth zu Gulden achthundert, sagen fl. 800. · jeden zu sechzig Kreutzer, oder 15 Batzen gerechnet, gemeiner Landes-Wehrung, daran Ihr ihre vielgeliebte Eltern nach beschlagener Decke fl. 700.— baar erlegen werden: die andere und letztere fl. 100.— aber an einem guten und versicherten Zinss Brieff ihro von Weiland Frawen Majorin Lucia Natisin seel. pro Legato gebühren; So werden auch Ihro Jungfraw Anna Christina von Weltz ermeldt Ihre geliebte Eltern eine Ehrliche Standsgemässe Ausfertigung verschaffen, und übergeben.

Herentgegen, und drittens, bringt der Herr Lic. Georgy Seiner erkiessten Ehliebstin gleichfalls zu rechter Wiederlegung zu Gulden achthundert, sagen fl. 800.— gleichen valoris, von seinem eigenen gegenwärtigen und künftigen Vermögen, nebst einer Ehrlichen Ausfertigung, womit Er von seinen Hochwerthen Eltern und durch sich selbsten zu bereits angefangener eigener Haussbaltung albereit versehen worden: Nicht weniger benambsst der Herr Hochzeiter Seiner Jungfraw Hochzeiterin Gulden Zwoyhundert, sagen fl. 200.— zu rechter freyen Morgengaab, deren sich Dieselbige nach Morgengabs Sitten, Weiss, und Gewohnheit jederzeit zu gebrauchen, auch darmit nach Belieben zu handeln Macht und Gewalt haben solle.

Vmb solche obgemeldt Heürathguth und Wiederlag nun, viertens, wie auch die benambsste Morgengaab, nicht weniger umb alles das, so Ihme Herrn Lic. Georgy seine nechstkünfftige Ehliebste in die Ehe zubringet, oder wehrender selben, durch Erbgemächts, Geschenckhs- und andere Fälle an Sie Jungfraw Anna Christina von Weltz gelangen, und zu seinen Herrn Lic. Georgy sichern Handen übergeben werden möchte etc. solle Sie ersagte Jungfraw Anna Christina von Weltz auf alle und jede, Ihres künfftigen Ehherrn, liegend, und fahrende, gegenwärtige und zukünfftige Haab und Güter, nach bester und gültigster Formb Rechtens verwiesen, und versichert, auch daraus, oder darvon zu gehen nicht schuldig seyn, biss Sie umb alles obgemeldte, und was Ihro dieser Heüraths Brief weiters giebt, ausgerichtet, vergnügt, und befriediget worden.

Demnach auch, Fünfftens, die Ordnung der Natur diesen beeden Ehgemächten gleich andern, die separation, auf die von Gott vorgesehene Zeit, durch den zeitlichen Tod wiederumb angekündet, als ist auf solch ereigenden Fall (welchen der Allerhöchste in Gnaden lange verhüten, und Sie Beede Ehgemächte viel Jahr lang in gutem Wolstand beyeinander erhalten wolle) der Verlassenschaft halber folgende Vergleichung geschehen:

Nemblich, dass, wenn sich begäbe, und mehrgedachter Herr Lic. Georgy, nach beschlagener Ehlichen Decke, vor offt Erwehnter Seiner Ehlichen Haussfrauen, ohne Hinterlassung Ehlicher Kinder, aus ihrer beeder Leib gebohren, diese Welt segnen würde; alsdann sollen Deroselben für recht eigen und zum voraus wiederumb folgen und werden, all ihr ihrem Ehherrn in die Ehe zugebrachtes Vermögen, auch darunter ihr obengeregt Heürathguth der Gulden achthundert, wie auch ihre Kleider, Ketten, Ring, und andern Schmuckh, Gesteüch, Gewand, Gebänd, und was an ihren Leib gehörig, nicht weniger, was Ihr in währender Ehe, durch Erbschafft, Testament, Legat, Geschenckh, von ihrem Ehherrn und andern, Gaab oder mit andern Rechts erlaubten Tituln absonderlich zugekommen: Nicht minder nimbt Sie voraus hinweg, obengeregte Wiederlag der Gulden achthundert, sampt der Morgengab, falss diese nicht allbereit bej lebendigem Leib abgeführt worden wäre: So dann den durch Gottes Seegen gemeinsamblich erworbenen halben Vorschuss, und Fürschlag, die übrige Verlassenschafft ihres Ehherrn aber anbelangend, so solle der Fraw Wittib gleichfalss werden, der halbe Theil: die andere Helffte aber solle Sein des Herrn Lic. Georgy nechsten Befreündten, oder wohin derselbige solche sonsten, durch letsten Willen, oder auf andere Rechts erlaubte, und sich hiermit per expressum vorbehaltende Weg (die Wittib der capacitet halber dissfalss vnausgeschlossen) verschaffen will, zukommen, und ausgefolget werden.

Begäbe sich aber, Sechstens, dass obermeldte Jungfraw Anna Christina von Weltz vor ihrem Ehherrn, gleichfalss ohne Kinder, aus ihrer beeder Leib gezeugt, mit Tod abgehen würde, so solle alsdann, nach gleichfalss beschlagener Decke, demselben voraus zukommen, und bleiben, all sein der Jungfraw von Weltz in die Ehe zugebrachtes Vermögen, liegend, und fahrendes, auch darunter die zugebrachte Wiederlag, nicht weniger, was Ihme in währender Ehe, durch Geschenckh, Gaab, Erbschafft und andere dergleichen Weg absonderlich zugekommen: So dann von der Jungfrau Hochzeiterin Vermögen, das bestimbte Heüratlıguth, sampt dem Brautschranckh und Zugehörd: Wie nicht minder soll er zum Voraus hinweg nehmen, den halben Theil des durch Gottes Seegen gemeinsamblich Fürschlages: Das übrige Verlassenschaffts Vermögen aber der Jungfraw von Weltz anbelangend, so solle solches ebenfalss in 2 gleiche Theil gestellt, und die eine Helffte dem Herrn Wittwer, die andere aber der seelig verstorbenen nechsten Befreündten, oder wohin Dieselbige solche sonsten, durch letsten Willen, oder auf andere Rechts erlaubte und sich hiermit per expressum vorbehaltende Weg (den Herrn Wittwer der capacitet halber dissfalss unausgeschlossen) verschaffen will, zukommen und ausgefolget werden.

Wäre aber Sichendens, dass vielgedachter Herr Lic. Georgy vor Ihro seiner schierkünfftigen Ehfrauen, Jungfraw Anna Christina von Weltz, mit Tod abgienge, und ein oder mehr Kinder von Ihnen ehlich erbohren, hinter Ihm im Leben lassen würde, auff solchen Fall, und so lange Sie die Fraw Wittib bej denenselben ihren Kindern im Wittibstand verbleibt, solle Sie, als leibliche Mutter, mit Zuzieh- und Erwehlung eines Obrigkeitlich confirmirten Beystandes, selbsten Vormünderin seyn, in Beedseitigem Vermögen ohnzertheilt sitzen, und solches nach bestem Vermögen administriren, und zu Ihr- und Ihrer Kinder Unterhält, und Christlicher Erziehung nutzen und brauchen, auch aus diesem beedseitigen Vermögen die Kinder seiner Zeit ehrlich und nach Standes Gebühr berathen und aussteüren.

Wenn aber Dieselbige ihren Wittibstand veränderu, sich wiedorumb verheürathen, und zu der andern Ehe schreiten wollte, so solle ihr zwar die obbeschriebene völlige Nutzniessung der Verlassenschaft ihres Ehherrn auf Lebens lang, jedoch gegen bedittener Beobachtung der Kinder, aus beedseitigen Mitteln keines Wegs entzogen seyn, herentgegen aber sollen die versagte Kinder gleichbalden, und ehe Sie zur andern Verehlichung schreitet, ordentlich aus beedseitigen Freundschaften bevogtet, daraufhin die Abtheilung des Vätter- und Mütterlichen vorhandenen Vermögens vorgenommen werden, auch der Frau Wittib abermals zukommen und werden, als Ihr Ihrem Ehherrn in die Ehe zugebrachtes Vermögen, auch darunter das Heüratlıguth, wie nicht weniger ihre Kleider, Geschmuckh, Weissgewand etc. und was an ihren Leib gehörig: Ferner, was Ihre in wehrender Ehe, durch Erbschafft, Testament, Geschenckh.

Gaab etc. wie obvermeldt, absonderlich zugekommen, nicht minder der halbe Fürschlag: Sodann nimbt Sie aus der Verlassenschaffts Massa nebst dem halben Fürschlag, weiter zu ihren eigenthumblichen Handen, die Gulden achthundert, Wiederlag, sampt der Morgengaab, falss sie solche nicht schon vorhero empfangen hätte, und endtlich einen ordentlichen Kinds Theil: das übrige alles solle der Kinder angefallen Vätterlich Guth seyn und heissen, ohne äussersten Nothfall, und ohne Obrigkeitliche Erkentniss nicht geschwächet, auch alles Liegende von der nutzniessenden Mutter in Bawlichen Ehren und Wesen erhalten worden.

Geschähe aber, achtens, nach Gottes Willen, dass mehrgedachte Jungfraw Anna Christina von Weltz vor Ihrem Herrn Ehliebsten mit Tod abgienge, und ein oder mehr Kinder von ihnen Beeden erzeugter hinterliesse, so solle Er, der Herr Wittwer gleichfalls all Ihr Beeder Haab vnd Güter, Liegendes und fahrendes, nichts ausgenommen, in Gewalt und Gewehr, doch mit condition und gegen praestation, wie obgemeldt, inhaben, besitzen, nutzen, niessen, und regiren, auch die Kinder von beedem Guts, christlich, dem Stand, und Ehren gemäss, erziehen, erhalten, aussteuren und berathen.

Daferné aber Derselbige ebenmässig wiederumb seinen Wittibstand verändern wollte, so soll er nicht weniger gehalten seyn, seinen Kindern Obrigkeitliche Bevogtung, von beedseitiger Freündschafft, wie obbesagt, zu erfordern, und obzwar ihme die Nutzniessung des Mütterlichen, dem Capital, so viel möglich, ohne Schaden, auch auf selbigen Fall Lebenslänglich nicht zu entziehen, so solle doch nichts desto weniger des Vätterlichen und Mütterlichen eine billiche Abtheilung gemacht, dem Herrn Wittwer so wohl sein in die Ehe eingebrachtes als währender Ehe, durch Legata, Geschencke, Erbschafft, und andere zu recht erlaubte Weg, ut supra, absonderlich zugefallenes Vermögen, sammt dem halben Vorschuss, eigenthumblich bleiben, nicht weniger auch von dem Mütterlichen, das Heürathguth und Braut Bettstatt zukommen, von dem Rest aber solle Er gleichfalss einen Kinds Theil haben: vnd mit dem übrigen verfangenen Guth der Kinder es gehalten werden, wie nechst oben bej der Fraw Mutter, auf Vorversterben des Herrn Vatters disponirt worden.

Was dann in diesem Heüraths-Brief, über anhero vermerckte Puncten, und Articul, nicht insonderheit bedungen, und versehen ist, das solle — nach

Ausweisung beschriebener Gemeiner Rechten, verstanden, und gehalten worden. Alles Erbarlich, redlich, getreülich, und sonder Gefährde.

Dessen allen zu wahrem Vrkund sind diese Pacta dotalia in duplo verfertiget, (doch, dass ein jedwederes Instrument auch ohne das andere güllig) und an Seiten des Herrn Hochzeiters von Ihme selbsten, wie auch dessen erbettenen Herrn Gezeugen, dem HochEdelgebohrnen Hochgelehrten und Mann vesten Herrn Gottlieb von Heyder, Hochfürstl. Würtembergischen Rhat, und Syndico der Statt Lindaw, und Herrn Johann•Andrea Funcken, Capitain einer Compagnie Grenadier des Statt Lindauischen Craiss Contingentes, und Sr. Excellenz Herrn General Baron von Roth etc. etc. An Seiten der Jungfer Hochzeiterin aber, von ihrem Herrn Vatter, Eingangs angeregten Herrn Syndico von Weltz, ihrentwegen und in ihrem Nahmen, wie auch dem WolEhrwürdigen und Hochgelehrten Herrn M. Johann Vlrich Stattmüller, MitPrediger bey der Evangelischen. Gemeind in Ravenspurg, sodann dem HochEdlgebohrnen und Gestrengen Herrn Georg Christoph von Weltz, Patricio und des Raths zu ersagtem Ravenspurg etc. unterschrieben, auch mit allerseits adelichen und gewohnlichen Insiegel bestättiget worden:

So beschehen Lindaw, d. 11. April 1721.

(L. S.) Erh. August Georgii, J. U. Lic. & Cancellariae Ravenspurg: Director.

(L. S.) Gottlieb von Haider zu Gizenweiler, Hochfürstl. Würtemberg. Rath, und hiesiger Wollöbl. ReichsStatt Syndicus.

(L. S.) Johann Andreas Funckh, Grenadier Haubtmann, Löbl. Gener. FeldtZeugMeistl. Baron Von Rothischen Schwäb. Creyss Regiments.

(L. S.) Thomas von Welz.

(L. S.) Anna Christina von Welz.

(L. S.) M. Johann Ulrich Stadtmüller, Evangelischer Prediger in Ravenspurg.

(L. S.) Georg Christoph von Welz.

—

Auszug aus Protocollo Senatus Evangelici Ravenspurgensis,

de annis 1735/1741.

etc. etc. etc.

Actum in Senatu Evangelico de dato 27. 8bris 1737.

Praesentibus omnibus, excepto Herrn Joh. Gradmann.

„AmtsBurgermeister von Braunenthal proponiret, wie dem Löbl. Evangelischen Magistrat ohnehin bekannt seye, dass der bisherige Syndicus Herr von Dr. Gerer seine Charge verwichenen Raths-Tag in manus Eines Wohllöbl. Magistratus resignirt und dahero die Syndicat-Stelle vacant seye: Nun seye secundum recessum d. a. 1680 bekannt, dass ein jeweiliger Herr Canzley-Verwalter dem abgehenden Syndico secundire; Als seye nichts übriges, als dem dermahligen Herrn Canzley-Verwalter Georgii hiezu um so mehr zu gratulieren, alss derselbige sich durch seine 16jährige, dem Löblich. Publico höchst nüzlich und erspriesslich geleistete Dienste, hiezu ganz ausnehmend meritirt gemacht: Der ganze Evangelische Magistrat wünschet demselben hiezu alle gehörige Leibes- und Gemüts-Kräfften.

etc. etc. etc.

Auszug aus Protocollo Senatus Evangelici Ravenspurgensis,

de annis 1735/1741,

die Gesandtschaft des Syndikus Georgii auf dem Crayss-tag zu Ulm betreffend.

Actum in Senatu Evangelico de dato 18. Junii 1741.

Praesentibus omnibus, Excepto Herrn E. Gradmann.

„Legitur Schreiben von Herrn Syndicus Lict. Georgii d. d. Ulm den „17. Junii c. a., berichtet, dass er für gut und nöthig gefunden habe, das „Supplementum der facti species, den Process des Langhauses betreffend, denen „beeden hochansehnlichen Gesandtschaften der Hochfürstl. Häuser Würtemberg „und Baaden-Durlach zu communiciren und die Sache zu recommendiren, welche „Ihm auch alles Erspriessliche bei Ihren Hohen Herrn Prinzipalen ausszu-„würken, zugesaget und versprochen hätten: Ingleichem auch was seine Ne-„gotiation, allhiesiges Publicum betreffend, auf dem nunmehr zu End gehenden „Crayss in Ulm, gewesen.

„Die Kirchensache betreffend, bleibet solche dem Herrn Syndico zu seiner „ferneren Besorgung überlassen: Und was die Crayss-Verrichtung anlanget, solle „Morgen als Nächstem Rathstag ex parte Evangel. in votis eingebracht werden, „dass wegen gründlich und vergnüglicher Verrichtung für das allgemeine Stadt-„Wesen dem Herrn Syndico billiger Dingen mit einer reellen Erkenntlichkeit „begegnet werden möchte.

etc. etc. etc.

IV.

Christ. Eberhard von Georgii,

Herzogl. Würtemb. General und Commandant der Residenzstadt Stuttgart, verheirathet mit der Tochter des Leibmedikus Mauchart.

Geboren 18. November 1724.

Gestorben 15. Oktober 1796.

Militärische Laufbahn des Christ. Eberhard v. Georgii.

1741. 11. Dezbr. als Fähnrich bei dem württemberg. Kürassierregiment der „Herzogin Maria Auguste von Württemberg" eingetreten; das Regiment wurde 1741 zu einem Dragonerregiment umgewandelt und kam als solches im Mai 1742 in königl. preuss. Dienste, womit auch Fähnrich v. Georgii übertrat.

1750. 4. November kam v. Georgii aus preussischen Diensten zurück, und wurde bei dem schwäb. Kreis-Dragonerregiment „Württemberg" als Hauptmann eingereiht.

1752. 15. Dezbr. bei der neuen Errichtung eines Füsilierregiments, das 1756 den Namen „Füsilierregiment v. Truchsess" führte, erhielt v. Georgii eine Compagnie, wurde am 7. Februar 1757 zum Major und am 20. April 1757 zum Oberstlieutenant befördert; als solcher erhielt er in dem Feldzug 1757 das Commando des dritten Grenadier-Bataillons, blieb aber in dem Regiment „Truchsess" eingereiht, bis er 1759 aus preussischer Gefangenschaft (in Magdeburg) zurückkam.

1759. 11. Febr. Vom Oberstlieutenant zum Oberst ernannt, wurde er zugleich zu dem Dragonerregiment „v. Degenfeld" versetzt, und am 27. Okt. desselben Jahres, als General v. Röder Chef des Regiments ward, zum Regiments-Commandanten ernannt, welche Stelle er auch unter dem neuen Regiments-Chef v. Rothkirch bekleidete, bis das Regiment im August 1765 in die Reduction fiel.

Wie so viele Offiziere wurde Georgii als reducirter geführt bis

1770. 11. April, von welcher Zeit an er zum Regiment Grenadier à cheval à la suite kam.

1771. 11. Februar erhielt er den Charakter als Generalmajor und ward als Regiments-Commandant bei dem Infanterieregiment „von Gabelenz“ eingetheilt, am 1. September desselben Jahrs aber in gleicher Eigenschaft zu dem Füsilierregiment „Prinz Louis von Württemberg“ versetzt, wo er am 11. Februar 1772 wirklicher Generalmajor wurde.

1775. 30. November fiel letztgenanntes Regiment in die Reduction, darauf v. Georgii die Commandanten-Stelle von Stuttgart bekleidete, bis 15. Oktober 1796, wo er starb.

Abschrift

eines in dem Königlichen Geheimen Haus- und Staats-Archive unter der Rubrik: „Herzogliche Reisen“ aufbewahrten Aktenstücks do. 16. Januar 1776.

Concept Ordre an
den General Major und Commendanten
v. Georgii zu Stuttgart
d. 16. Januar 1776.

Mein lieber . . .

Da ich gnädigst entschlossen bin, auf einige Zeit eine Reise ausserhalb meinem Herzogthum und Lande vorzunehmen und Ich dahero vor nöthig finde, die erforderliche Befehle zurück zu lassen, wie es in Meiner Abwesenheit gehalten werden solle: So will ich unter andern auch dem Hr. General-Major, als Commandanten hiesiger Residenz, gnädigst anempfolen haben, sein Augenmerk darauf gerichtet seyn zu lassen, dass der Dienst beständig exact geschehen, auch alle gute Ordnung und Polizey in hiesiger Garnison sorgfältig erhalten — keine hazard- noch gross Commerce-Spiele geduldet — nichts durch die Finger gesehen werde.

Ich bin etc.

Abschrift

eines in dem Geheimen Königlichen Haus- und Staats-Archive in Stuttgart in dem Fasz. „Decrete und Relationen an den Königlichen Geheimenrath vom Mai bis December 1795" aufbewahrten Aktenstücks do. 22. Septbr. 1795.

Concept Decret an
Herzogl. Geheimen Rath
den 22. September 1795.

Serms lassen angeschlossenen Rapport des Generals v. Georgii dem Hzgl. GeheimenRath des Endes zugehen, um Erkundigung einziehen zu lassen, woher sich die ohne vorgängige Anzeige erfolgte Abänderung in dem Durchmarsch der in Englischem Sold stehenden Regimenter schreibt, auch besonders woran der Fehler liege, dass ein Trupp ohne Begleitung eines MarschCommissarii eingetroffen ist; und da die zu diesen Regimentern gehörige Officiers sich von solchen entfernen, und herumziehen, wie sich dann seit der Dauer dieses Durchmarsches mehrere davon, sowohl einzeln, als in ganzen Trupps, in hiesiger Gegend zeigen, so solle an die Marsch-Commissairs das Nöthige erlassen werden, damit diese bei den Commandeurs der Regimenter, zu Verhütung derlei Unordnungen die nöthige Einleitungen treffen; Zugleich wollen Höchstdieselben bei dieser Veranlassung verordnet haben, dass gegen die in Stuttgardt und sonsten im Land etwa noch anwesende französ. Emigranten ohne Nachsicht nach den ihretwegen bereits in medio liegenden Verordnungen verfahren, und um diese in Vollstreckung zu bringen, das Weitere der Behörde zur sträklichen Nachachtung in Bälde aufgegeben werde.

V.

Eberhard Friedrich von Georgii,

Königlich Württembergischer Obertribunal-Präsident, Excellenz, Abgesandter der Württembergischen Landschaft zum Friedens-Congress nach Rastatt.

Geboren 18. Januar 1757.

Gestorben 13. April 1830.

Lebensbeschreibung,

wie solche im Schwäbischen Volks-Bilderkalender von 1847 erschienen ist.

Der letzte Jahrgang des Kalenders brachte dem Blick des Lesers das Bild Franquemont's zur Anschauung. Dem Krieger lassen wir jetzt einen friedlichen Staatsmann folgen, der nicht blos stiller Zeuge der letzt bewegten Zeit war, sondern auch persönlich in die Bewegung eingriff, in so fern er es war, der die alte Zeit mit dem, was sie Gutes und Haltbares hatte, mit der Gestaltung der Neuzeit zu verbinden bemüht war. Gelangen ihm diese Versuche auf dem Landtag $17^{97}/_{98}$ nicht, so zeigte er doch hier so eigenthümlich schöne Charakterzüge, dass schon diese ihn jedem theuer machen, und ihm in der Geschichte unseres Landes einen ehrenvollen* Platz zu sichern vermögend sind.

Er stammte aus einer jener altehrwürdigen Familien, welche, wie die Varenbüler, Duvernoy** erst aus der Schweiz*** oder aus Frankreich eingewandert sind. Sein Urgrossvater war Mitglied des grossen Raths in Strassburg, verliess aber die Heimath, als Strassburg an Ludwig XIV. übergeben

* Der württembergische Prälat J. G. v. Pahl sagt in seinem Werke „Denkwürdigkeiten aus meinem Leben und aus meiner Zeit. Tübingen. 1840" Seite 406 über Eberhard Friedrich von Georgii u. A. Folgendes: „Bei seiner ganzen Geschäftslaufbahn, besonders aber, seitdem er in einer höchst kritischen Zeit von der württembergischen Landschaft in ihren Dienst berufen worden war, hatte er sich als einen muthigen Vertheidiger der Rechte und der Verfassung des Landes erwiesen und sich dadurch die Achtung, die dem Patrioten gebührt, in vollem Masse erworben; als er aber im Jahre 1805, da das alte constitutionelle Gesetz mit allen demselben gemässen Institutionen mit einem Schlage zertrümmert wurde, einer der wenigen öffentlichen Diener war, welche den Eid des unbedingten Gehorsams verweigerten, ward ihm von seinen Landsleuten, indem sie, obgleich fügsamer in das Gebot der Gewalt, als er, doch das Edle in dieser Weigerung lebendig fühlten, der Name des **letzten Württembergers** zuerkannt."

** In Folge einer im Jahre 1762 von dem damaligen Herzoglich Württembergischen Regierungsrathe zu Mömpelgard, Eberhard Gottlob Georgii, eingegangenen Heirath wurden die Familien Duvernoy und Georgii verschwägert.

*** Oberst von Schorsch aus Splügen (Graubündten), gestorben 1837 im Alter von 75 Jahren, sagt in seiner beglaubigten Familiengeschichte über die Verzweigung seiner Vorfahren, welche sich urkundlich auch Georgii schrieben, wörtlich Folgendes: „. . . befinden sich noch in dem „Württembergischen Nachkommende, welche von Zeit zu Zeit, und annoch gegenwärtig underschiedentliche hohe sowohl Hof- als gelehrte Bedienungen bekleidet haben."

wurde. Da er bei dieser freiwilligen Auswanderung grosse Opfer bringen musste, so gehörte gewiss fester deutscher Sinn dazu, um diess Opfer bringen zu können. Denselben festen Sinn finden wir auch in dem Charakter des Grossvaters des Verewigten ausgeprägt. Derselbe war würt. Geheimer Rath, und wurde schon unter Herzog Carl Alexander wegen seines Widerstandes gegen die heillosen Finanzplane der jüdischen Excellenz, des Süss-Oppenheimer, und später unter Herzog Carl Eugen wegen seines Muthes, womit er die Eingriffe Montmartin's in die landständische Verfassung bekämpfte, aufs neue seines Amtes entsetzt.

Unter den Augen des Grossvaters wurde der junge Georgii, da sein Vater, als württembergischer Offizier, oft von Hause abwesend war, gebildet und erzogen. Die Entwicklung des Knaben ging so rasch vor sich, dass er schon mit 16 Jahren die Universität beziehen, und bei der Universitäts-Jubelfeier 1777 Doktor der Rechte werden konnte. Seine Kenntnisse vermehrte er durch mehrjährige Reisen und einen längern Aufenthalt in Göttingen und Mömpelgard.

Im Jahr 1780 las er bereits an der hohen Karlsschule, wohin der Herzog alle talentvolle Köpfe berief, über Natur- und Kriegsrecht als Professor. Von hier aus wurde er Oberamtmann in Beilstein und Calw, und erhielt durch diese amtliche Stellung hinlänglich Gelegenheit, die Mängel der württemb. Verwaltung und Verfassung, wie die Bedürfnisse des Landvolkes kennen zu lernen, aber auch als scharfsinnigen und gelehrten Juristen sich geltend zu machen.

Der umsichtige Kirchenrathsdirektor Christian v. Hochstetter, stets bedacht, jungen Männern von Talent eine Anstellung im Kirchenrath zu verschaffen, war es auch, der seine Berufung in den Kirchenrath im Jahr 1788 bewirkte. Unsere Zeit hat das Bewusstsein von dem Kirchengut und der ihm vorgesetzten Verwaltungsbehörde, dem Kirchenrath, fast so ganz verloren, dass es noth thut, etwas Weiteres darüber mitzutheilen. Das Kirchengut, welches seit der Reformation abgesondert verwaltet wurde, umfasste etwa den dritten Theil Altwürttembergs mit 70,000 Hintersassen. Dem Kirchenrath lag die Wahrung und Verwaltung des Kirchenguts unter Aufsicht des Geheimen Raths nach allen Theilen ob; ebenso die Aufsicht über die kleinen Kirchen- und Armenkästen (die sogenannten Heiligenpflegen). Das Kirchenrathscollegium bestand aus einem Direktor und acht Kirchenräthen. Der erste Rath und Stellvertreter des Direktors war der Kirchenkastensadvokat. Derselbe musste, um die Rechte und Gerechtigkeiten des Kirchenguts vertheidigen zu können, vor allem ein qualificirter Jurist und gründlicher Kenner der verwickelten Landes- und Kirchenverfassung sein, wenn er in verwickelten und schwierigen Fällen Rath ertheilen wollte. Als erster Rath war es Obliegenheit des Kirchenkastensadvokaten, nicht blos alle juridischen Angelegenheiten des Kirchenguts und der Klöster zu besorgen, sondern er war Vorstand eines kirchenräthlichen Departements, beeidigte die Beamten, brachte ihre Caution in Richtigkeit, und führte die specielle Aufsicht über die Registratur. Waren die juridischen Angelegenheiten der Art, dass sie nicht im Kirchenrathe erledigt werden konnten, sondern in höherer Instanz vor der herzoglichen Regierung entschieden werden mussten, so hatte der Kirchenkastensadvokat alle dort anhängigen Rechtssachen zu vertreten; daher war er zugleich Regierungsrath. Weil aber der Kirchenrath die verwaltende Behörde über geistliche Besoldungen bildete, und aus dem Kirchengut alle Geldbedürfnisse der Kirche flossen, so hatte der Kirchenkastensadvokat auch Sitz und Stimme im Consistorium, um dort die kirchenräthlichen Sachen zu besorgen, und zu wahren, dass nicht etwas verfügt werde, was das geistliche Gut angeht. Als Consistorialrath wohnte er den Universitäts- und Kloster-Visitationen, sowie der Synodalversammlung bei, um auch bei der Synode das Interesse des geistlichen Guts zu beobachten. In dieser dreifachen Stellung war dem Verewigten hinlänglich Gelegenheit gegeben, seine Kenntnisse, seine Treue und Ehrlichkeit zu erproben, und wirklich ward ihm auch von Hohen und Niedern das Zeugniss zu Theil, dass er die Rechte des Kirchenguts rücksichtslos, selbst wenn das herzogliche Interesse oder Privatinteressen concurrirten, vertrat. Von seiner Thätigkeit im Kirchenrath wissen wir im Einzelnen blos das, dass er im Jahr 1792 zur Abfassung der neuen Competenzen der Geistlichen, wodurch eine Besoldungs-Regulirung und theilweise Verwandlung vorbereitet werden sollte, mitwirkte; im Allgemeinen aber können wir sagen, an dem blühenden Zustand der kirchenräthlichen Verwaltung, wie sie sich bei ihrer Aufhebung klar herausstellte, gebührt ihm ein grosser Theil des Verdienstes. Trotz dem, dass er eines der wichtigsten Aemter in der damaligen Verwaltung des Herzogthums bekleidete, hatte er doch nicht weiter Besoldung als 750 fl. halb in Geld, halb in Naturalien, und als Regierungsrath

100 fl. halb in Geld, halb in natura. An Emolumenten stand er dem Director gleich, indem er jährlich das grosse Neujahr mit 52 fl. 32 kr., 12 Imi Eilfinger Wein, sodann etwas an Fisch, Erbsen und Linsen, desgleichen Schreibmaterialien bezog. Wenn ein neuer Prälat gemacht wurde, erhielt er 10 Prälatenthaler, und bei Reisen bezog er 4 fl. 30 kr. Diäten. Endlich nach seinem Tode hatte die Wittwe eine vierteljährige Besoldungsnachfolge, öfters auch eine Pension. Das unbegränzte Zutrauen, das er sich durch seine Treue und Biederkeit erworben, sprach sich im Jahr 1797 in der schönsten Weise aus. Nach 27 Jahren musste endlich in diesem Jahr ein Landtag berufen werden, theils um die Gährung im Lande zu stillen, theils um Mittel und Wege zur Bestreitung der Kriegskosten und Bezahlung der französischen Contribution aufzusuchen. Einstimmig und selbst mit Bewilligung des gerechten Herzog Friedrich Eugens, ward Georgii zum Landschaftsconsulenten erwählt, ihm dabei der Rücktritt in sein ihm liebgewordenes Amt vorbehalten. Der Consulenten waren es gewöhnlich zwei oder drei. Sie waren zunächst Rathgeber der Stände, die alle Entwürfe zu Gesetzen oder Adressen vorbereiteten, und die Berathung hierüber leiteten. Daher waren sie meist die Leiter des Landtags, von deren Einfluss oft die Stimmung der ganzen Versammlung abhieng. Der Landtag 1797 war von dem Wunsch durchdrungen, seine Macht auf breiterer Grundlage herzustellen, und gleichsam eine Regeneration der Verfassung zu erwirken. Vor allen Dingen mussten daher die Ausschüsse in ihre Gränzen zurückgewiesen, und ein neuer Ausschussstaat entworfen werden, womit Georgii beauftragt ward. Mit welcher Umsicht er bei seinen Vorschlägen verfuhr, davon gaben wir im letzten Kalender Zeugniss. Wie er aber dabei auf Hindernisse bei den Prälaten stiess, verbargen wir nicht, und offen dürfen wir sagen, gerade die Reaction der Prälaten bereitete im Bunde mit dem Herzog Friedrich II., nachmaligem König, der alten Verfassung ihr Ende. Denn nicht blos den Versuchen, die Verfassung der neuern Zeit anzupassen, war der Herzog gram, sondern auch bei der finanziellen Hauptfrage: in welchem Verhältniss das Kammergut, die Landschaft und das Kirchengut Antheil an den erlittenen Kriegskosten nehmen sollen, giengen die Partheien so weit auseinander, dass in fünf Jahren keine Einigung zu Stande kam. Da auch bei dieser Frage Georgii Hauptberather der Stände und zugleich ständischer Deputirter bei dem Congress

in Rastatt war, so darf es uns nicht wundern, wenn er der Regierung des neuen Herzogs verdächtig wurde; er hatte daher von Glück zu sagen, dass er nach Auflösung des Landtags (17. Dezbr. 1799) nicht mit mehreren Andern verhaftet, für wahl- oder dienstunfähig erklärt wurde, sondern in seine frühere Stellung zurücktreten durfte. Hier genoss er Ruhe und Frieden, während der Hader und Streit zwischen Regierung und Ständen auch auf den neuen Landtagen von 1800 und 1804 fortdauerte, bis endlich den 30. Dezbr. 1805 die alte Verfassung aufgehoben, oder eigentlich jede Volksversammlung und darauf begründete Abordnung als nicht mehr nöthig untersagt wurde. Die Verwaltung, auf den Trümmern der Verfassung neu begründet, vereinigte alsobald das Kirchengut mit dem Staatsgut (2. Januar 1806) und forderte von den Beamten statt des verfassungsmässigen Diensteides einen unbedingten. Georgii verweigerte aus Gewissenspflicht den unbeschränkten Diensteid, weil ja die Verfassung unter Garantie des deutschen Reichs und der drei hohen Garanten, Preussen, Dänemark und Hannover, stand, somit nicht einseitig aufgehoben werden konnte. Er trat in Pension, und benützte die unfreiwillige Ruhe zu schriftstellerischen Arbeiten, zu welchen er um so mehr befähigt war, da er sich fortdauernd mit der Wissenschaft beschäftigt hatte.

König Friedrich, selbst ein unabhängiger Charakter, wusste Georgii zu schätzen und berief ihn daher nach Auflösung des deutschen Reiches, womit der Verweigerungsgrund Georgii's wegfiel, und nach vollzogener Organisation, als Oberjustizrath in das neu errichtete Oberjustizkollegium, zu dessen Direktor er von König Wilhelm im Jahr 1817, und zwei Jahre später zum Präsidenten des Obertribunals ernannt wurde, welchen Posten er auch mit ausgezeichneter Umsicht und Rechtlichkeit bis an sein Ende bekleidete. Ob und wie weit er mit seinem Rath als ausserordentliches Mitglied des Geheimenraths zur Neugestaltung der Verfassung mitwirkte, wissen wir nicht; aber dass die Stände mit Vorliebe an der alten Verfassung hiengen, ist aus der Geschichte vom Jahr 1815—19 bekannt. Man hat diese Anhänglichkeit oft missdeutet, und als blinde Vorliebe für das Hergebrachte bezeichnet, und besonders Georgii als einen unbedingten Anhänger des Alten angesehen, wohl gar behauptet, er habe auch dann am Herkömmlichen festgehalten, wenn es gleich nicht das Rechte war, und diess besonders mit seiner Strenge, womit er an dem Buchstaben der Verfassung in Beziehung auf Herstellung des Kirchenguts festhielt, zu belegen gesucht. Allein, wie er ein Feind aller Lüge und krummen Wege war, so konnte er auch seine Zustimmung zu willkührlichen Deutungen und Auslegungen nicht geben, wie er es denn in seiner letzten Schrift vom Jahr 1830 klar ausspricht: „wer von dem klaren Buchstaben der Verfassung abweicht, greift in dieselbe ein.“ Seine Ansicht ward damals von der Kammermehrheit nicht getheilt, aber von Merklin und Hornstein vollkommen gebilligt. Jetzt, wo die kirchlichen Fragen und die Klagen der darbenden Kirche eine Entscheidung dringend machen, dürfte seine Ansicht über die Ausscheidung des Kirchenguts mehr und mehr Anklang nach Oben und Unten finden, indem der gerade Weg der kürzeste Ausweg ist, und so vielleicht seine Fürsprache der Kirche, der er mit aller Liebe und Verehrung des alten orthodoxen Glaubens zugethan war, noch zum Segen werden. Die Kirche aber wird sein Andenken erst dann zu segnen vermögen, wenn sie wieder in den freien Genuss der Rechte und Güter gekommen ist, um welcher willen ihm die alte Kirche und Verfassung so theuer war! Er aber, der nicht mehr der streitenden, sondern der triumphirenden Kirche angehört, wird mit seinem Andenken im Segen bei ihr bleiben!

Vollmacht für den Regierungsrath, Landschaftsconsulenten

Eberhard Fried. Georgii

als Abgesandter zum Friedens-Congress in Rastatt, Namens der Stände. — (Original in der Universitäts-Bibliothek in Tübingen.)

1797. November.

—

Nous les membres des deux chambres provinciales du pays de Wirtemberg, déclarons et certifions par la présente, que déterminés par les circonstances actuelles, à veiller pendant le congrès de paix qui va s'assembler à Rastatt, au maintien des droits et privilèges du pays de Wurtemberg, nous avons, en vertu du plein puvoir qui nous en a été donné par l'assemblée générale des Députés aux Etats chargé pour cet effet le conseiller de Régence et des Etats, Evirard Frédéric Georgii de se rendre à Rastadt pour qu' auprès du Congrès pour la paix il fasse et observe en notre nom et avec le plus grand soin tout ce qui, selon l'exigence du tems, sera nécessaire et utile au bien public et aux véritables intérêts du pays de Wurtemberg, surtout relativement à la conservation de l'intégrité et l'indivisibilité du pays et de la constitution telle quelle est fondée sur les lois fondementales et les pactes publics conclus depuis des siècles avec les Ducs de Wurtemberg et confirmés par les Empereurs.

Nous donnons donc par la présente au susdit Conseiller plein pouvoir d'agir en notre nom et nous protestons que nous sommes dans l'intention d'approuver et de ratifier entièrement tout ce qu'il entreprendra et fera ainsi. Pour cet effet nous lui remettons cette procuration afin que devant les illustres et très respectables Ambassades, et principalement celle de la Republique francaise, assemblées à Rastadt il puisse légitimer son pouvoir. En foi de quoi nous ajoutons à la signature de nos noms écrits de notre main, le sceau ordinaire des Etats.

Stouttgart, 24. November 1797.

Les Prélats et les autres membres
des deux chambres provinciales du
pays de Wirtemberg.

Napoleon I. und die Alt-Württemb. Landschaft.

Bericht des Regierungsrath Georgii,

als landschaftlicher Deputirter bei dem Friedenscongress zu Rastatt, über seine erste Audienz bei dem französischen General Buonaparte nach einer Abschrift in M. S. M. P. 410. der Tübinger Universit.-Bibliothek. Würt. Land. Akt. B. X. fo.

Rastadt, 30. Nov. 1797.

Der gestrige Abend war seit meiner Ankunft in Rastadt der erwünschteste. Buonaparte hatte mir auf 8 Uhr Abends die Stunde gegeben. Ich traf ihn umgeben von seinen Adjutanten und von einem ganzen Hof von Gesandten an, die ihm die Cour machten. Er sprach eben mit dem Minister von Edelsheim, als ich bei ihm gemeldet wurde. — Sobald ich ihm sagte, dass ich als Repräsentant des Württ. Volks erscheine, um seine Protektion in gegenwärtiger Crisis zu erbitten, empfieng er mich mit ausgezeichneter Höflichkeit und sagte, die Repräsentanten des Volks müsse man ehren. Er ersuchte den Minister von Edelsheim sich ein wenig von hier wegzugeben, um mit mir allein zu sprechen. Er erkundigte sich hierauf nach einigen Hauptumständen: fragte, ob unsere Stände Tiers-Etat unter sich haben? und als ich sagte, dass sie ausser einigen Prälaten lauter Bürgerstand seien, bezeugte er daran sein herzliches Wohlgefallen. — Er fragte, ob ich mit Bewilligung des Herzogs hier sey; ich antwortete, dass der Herzog von meinem Hiersein wisse: übrigens begehrte ich an dem Gesandtschafts-Recht keinen Theil: sondern sey blos hier, um die Rechte des Volks zu bewachen. Württemberg habe eine gute Verfassung: die beste unter allen deutschen Ländern, die durch Fürsten regiert werden, nur um Aufrechthaltung dieser Constitution sey es im Ganzen zu thun. O sagte er, das ist gerecht und billig; übrigens hat Württemberg nichts zu fürchten, es hat keine Länder über dem Rhein. Zwar Mömpelgard, fiel er ein, aber dafür wird man entschädigen. Er fragte nach der Bevölkerung und wunderte sich, dass wir 600,000 Menschen hätten, — nach der Religion, und schien zu billigen, dass wir Protestanten seyen. Er lobte das Württemb. Volk, und bezeugte, dass es sehr loyal gegen die Franzosen gehandelt hätte, und alle Achtung verdiente. Er erkundigte sich genau nach den Oesterreich. Kriegs-Schäden. Er habe bei den Oesterreichern für uns intercedirt, man habe ihm aber geantwortet, dass wir nichts zu klagen hätten. — Ich versicherte ihn des Gegentheils. Ich sagte ihm verschiedenes Angenehme über seinen Ruhm, der auch in unserem Land weit und breit erschollen sey, diess schien er gern zu hören. —

Endlich beurlaubte ich mich — und nun war ich erstaunt, dass ich von ihm zwei lange Säle hindurch in den Oehrn begleitet wurde, und als ich protestirte, sagte er mir mehreremals alles Verbindliche von der Ehre, die man Volksrepräsentanten erweisen müsse. Er lud mich ein, mehrmals zu ihm zu kommen.

Buonaparte ist kleiner Statur, sieht noch jugendlich aus, aber blass und mager. Seine Gesichtsbildung ist, wenn ich beurtheilen kann, einnehmend. Seine Sprache ist sanft, sein Discours enthält unverkennbare Spuren eines gebildeten Kopfes. In der Unterhaltung mit mir schien Wohlwollen keine ihm fremde Neigung zu seyn. Er fasst und beurtheilt schnell, trifft auch gar bald den rechten Fleck. Im Ganzen erregt mir sein Anblick in Vergleichung mit seinen grossen Thaten Erstaunen und Bewunderung.

Georgii.

VI.

August Eberhard von Georgii,

Kaiserl. K. Oesterr. Brigade-General zu Mantua, Festungs-Commandant von Gaeta, Grosskreuz des St. Georgs-Ordens.

Geboren 27. Juli 1768.

Gestorben 9. März 1826.

August Eberhard von Georgii.

Euer Hochwolgeboren!

In Folge Ihres geehrten Schreibens vom 8. v. M. habe ich über Hochdero Verwandten, den im Jahre 1826 zu Mantua verstorbenen k. k. Generalmajoren von Georgii, den ich persönlich zu kennen nicht die Ehre hatte, die gewünschten Erhebungen einleiten lassen.

Als einziges, Ihren Absichten vielleicht dienliches Resultat dieser Letztern vermag ich Euer Hochwolgeboren bekannt zu geben, dass der dermalige k. k. Feldmarschall-Lieutenant von Gerstner, Kommandant der Landes-Gendarmerie zu Wien vom Jahre 1814 bis 1822 Regiments-Adjutant beim k. k. 18. Infanterie-Regiment war, und als solcher also Hochdero Verwandten zur Seite gestanden hat.

Ich zweifle nicht, dass der genannte Herr Feldmarschall-Lieutenant, falls Sie sich brieflich an denselben wenden, Ihren Absichten und Wünschen nach Kräften entgegen kommen wird.

Genehmigen Sie schliesslich den Ausdruck besonderer Hochachtung, womit ich zu zeichnen die Ehre habe

Euer Hochwolgeboren

Verona, am 15. Jänner 1857.

gehorsamster Diener
G.-F. Radetzky.

Sr. Hochwohlgeboren
Herrn von Georgii,
K. Niederl. Consul
in Stuttgart.

Euer Hochwohlgeboren!

Ich ehre um so mehr Ihre Pietät für Ihren verstorbenen Anverwandten, als ich selbst noch aus Dankbarkeit in der Erinnerung mit der innigsten Hochverehrung an dem leider zu früh Dahingegangenen hänge.

Um so mehr komme ich mit Vergnügen der mit dem gefälligen Schreiben vom 24. v. M. geäusserten Aufforderung nach, und es sind bereits alle Schritte gemacht, um die verlangten Aufschlüsse vom Regimente Konstantin zu erhalten, an welches ich die umständlichsten Notizen zur Verfassung einer Regiments-Geschichte für die Zeitperiode geliefert habe, in welcher Georgii Oberst im Regimente war.

Dieses Regiment steht aber nun zufällig in Bukarest und ich muss leider ersuchen, sich einige Zeit gedulden zu wollen, bis es mir möglich seyn wird, mein Versprechen zu realisiren.

Empfangen Sie hiemit noch die Versicherung meiner besondern Achtung, womit ich bin

Euer Hochwohlgeboren ergebenster
Gerstner
Feldm.-Lieut.

Wien, am 20. Februar 1857.

Sr. Hochwohlgeboren
Herrn von Georgii,
K. Niederl. Consul
in Stuttgart.

Euer Hochwohlgeboren!

Nun bin ich mit der zugesagten Arbeit fertig, und es folgen in der mitgehenden Rolle

A) 4 Bogen der National- und Dienstbeschreibung des Generalen von Georgii,

B) Eine Bleistift-Zeichnung mit ziemlicher Portrait-Aehnlichkeit desselben, doch im Civilfrack;

C) Eine Zeichnung, wie die Parade-Uniform zur Zeit bestand, als der General starb, und

D) mein Portrait in Campagna-Uniform.

Die Behelfe zur Beschreibung langten erst vor Kurzem vom 18. Regiment „Grossfürst Constantin von Russland" aus Bukarest ein und dieses war die Ursache der Verzögerung der Arbeit und der Versendung. Die Beschreibung ist selbst zum Theil die Geschichte des Regiments, die mit jener seines Commandanten zusammenfällt und sich nicht trennen lässt.

Die Bleistift-Zeichnung ist die Arbeit einer Dilettantin, die leider auch schon verstorben ist. Sie ward mir zufällig gezeigt und auf meine Bitte gerne überlassen. Sonst wüsste nicht, dass Portraite vom Generalen bestehen, oder dass er sich abbilden liess; eben so wenig werden Waffen von ihm bestehen, die wahrscheinlich mit seinem Nachlass verkauft worden sind. Für den Fall, als Euer Hochwohlgeboren Ihren Vetter nach der Bleistift-Zeichnung malen lassen, legte ich die Abbildung C bei, damit die von ihm damals getragene Generals-Uniform bekannt sey. Zugleich muss ich zur Erreichung einer vollkommenern Aehnlichkeit hinzufügen, dass sein Haarboden nicht mehr stark und dicht und das Haar selbst liegend und schon grau melirt war; auch hatte er einen sehr schmalen Backenbart, der in sehr gekürzten Haaren unmittelbar unter den Backenknochen sich hinzog.

Ich wünsche nun nichts sehnlicher, als dass ich Ihren Wünschen in jeder Hinsicht entsprochen habe, und ist mir dieses gelungen, so darf ich wohl

Dieselben versichern, dass ich auch aus Pietät für meinen zweiten Vater, Lehrer und Freund mit wahrem Vergnügen diesem Streben nachgekommen bin.

Mit dieser und der Versicherung meiner ausgezeichneten Achtung habe ich die Ehre zu seyn

Euer Hochwohlgeboren

aufrichtig ergebener
Gerstner
Feldm.-Lieut.

Wien, am 24. April 1857.

Sr. Hochwohlgeboren
Herrn von Georgii,
K. Niederl. Consul
in Stuttgart.

Lebensbeschreibung

des K. K. Oesterr. Generals Aug. Eberhard von Georgii, verfasst von seinem ehemaligen Adjutanten, dem jetzigen K. K. Oesterr. Feldmarschall-Lieutenant von Gerstner.

August Eberh. von Georgii, im Jahre 1768 zu Montbelliard — (damals Württembergisch) jetzt zu Frankreich gehörig — geboren, wurde am 25. Juni 1787 vom damaligen Feldzeugmeister Herzog zu Württemberg in dessen Regiment — jetzt Graf Haugwitz Nr. 38 — als Privatkadet übernommen. Er avancirte am 1. Juli 1789 bei dem Infanterieregiment Graf Pelegrini Nr. 49 — jetzt Freiherr v. Hess — zum Fähnrich, den 1. November 1789 bei Herzog Württemberg zum Unterlieutenant, den 30. September 1790 ebendaselbst zum Oberlieutenant, den 1. Juli 1798 zum Capitainlieutenant und den 22. Mai 1799 zum Hauptmann.

Den 1. September 1805 wurde derselbe zum Major bei dem Infanterieregiment Erzherzog Maximilian Nr. 35— jetzt Graf Khevenhüller — befördert, den 1. November 1807 zu dem Infanterieregiment Graf Kollowrat-Krakovsky Nr. 36 — jetzt Graf Degenfeld — übersetzt und dortselbst am 22. Juni 1809 zum Oberstlieutenant ernannt.

Den 1. Juli 1811 quittirte er als reklamirter französischer Unterthan die Dienste, wobei ihm als Beweis der allerhöchsten Zufriedenheit der Oberstens-Charakter ad honores verliehen wurde, jedoch schon im Dez. 1811 kehrte er aus Frankreich zurück und ward mit dem Tage seines Austritts wieder als Titular-Oberst und zwar bei dem letztgenannten Regiment in Stand genommen.

Bei der Mobilisirung und Aufstellung der Armee in Böhmen im Frühjahr 1813, um der Friedensvermittlung Oesterreichs am Congress zu Dresden Nachdruck zu geben und zugleich für alle Eventualitäten vorbereitet zu seyn, avancirte der damalige Oberst und Commandant des Infanterieregiments Fürst Reuss-Greitz Nr. 18 — jetzt Grossfürst Constantin von Russland — Grimmer von Riessenburg zum Generalmajor und der Oberst von Georgii wurde mit 1. Juni 1813 zum Commandanten desselben ernannt.

Wie bekannt hatte der Congress nicht das gehoffte Resultat, Oesterreich verbündete sich mit Russland und Preussen gegen Frankreich und erklärte an letztere Macht am 12. August 1813 den Krieg.

Unmittelbar von der Heerschau vor Sr. Majestät dem russischen Kaiser Alexander, in Begleitung unsers Kaisers am 19. August 1813, wurde die Armee und mit ihr das Regiment über Kadan und Marienberg zur Schlacht von Dresden — 26. August — geleitet und nach derselben wieder durch das Erzgebirge nach Böhmen zurückgeführt.

Am 18. September wurde der bei Nollendorf aufgestellte Feind von der Brigade scharf recognoscirt, jedoch nur vom Regiment Baron Vogelsang Nr. 47 — jetzt Graf Kinsky — einiger Verlust erlitten.

Den 29. September begannen neuerdings die Operationen nach Sachsen über Marienberg, Chemnitz, Zeitz und Zwickau.

Den 18. Oktober war die Schlacht bei Leipzig.

Das Regiment rückte unter Führung seines Obersten und dem Schall der Regiments-Musik im Kanonenfeuer gegen den rechts von Lössnig gelegenen Wald vor, welchen der Feind vom Corps Poniatovsky stark besetzt hielt, in welchem das mörderischeste Infanterie-Gefecht entstand, nachdem der Wald mehremale — die Angriffs-Colonnen immer vom Obersten selbst geführt — stürmend genommen, wieder verloren, endlich der jenseitige Saum des Waldes gegen alle feindlichen Anstrengungen behauptet wurde. Der Verlust des Regiments bestand in 21 Stabs- und Ober-Offizieren und 860 Mann vom Feldwebel abwärts, wovon nur 1 Offizier und einige 20 Mann auf das in Reserve gestandene 3. Bataillon; die Uebrigen ausschliesslich auf das 1. und 2. Bataillon kamen.

Der Feldmarschall-Lieutenant Fürst Alois Lichtenstein rühmt das ausgezeichnet tapfere, einsichtsvolle, und rastlos thätige Benehmen des Obersten Georgii und des Majors Graf Hartmann, welcher 3 schwere Wunden erhielt.

Es war im Jahre 1814 zu Mainz, als Oberst Georgii vom Fürsten Alois Lichtenstein die Aufforderung erhielt, statutenmässig um die Verleihung des

Theresien-Ordens einzuschreiten. Das von ihm selbst verfasste Species facti war leider so bescheiden, dass es vom Capitol nicht gewürdigt werden konnte. Von Sr. Majestät dem König von Preussen bekam er für das äusserst tapfere Benehmen in der Schlacht den Orden pour le mérite, dessen Decoration ich die Ehre hatte ihm am 4. November in Mühlheim — im Badischen — persönlich zu übergeben.

Am 19. Oktober wurden die Bewegungen zur Verfolgung des geschlagenen Feindes und zwar vom Regiment über Jena, Weimar, Schmalkalden, Fulda fortgesetzt und am 5. November Bergen — bei Frankfurt — erreicht.

Am 6. November bildete es die Spalier in Frankfurt beim feierlichen Einzug unsers Kaisers daselbst.

Am 9. November wurde dasselbe zur Affaire von Hochheim — vor Castell bei Mainz — zugezogen. Es hatte den ehrenvollen Auftrag, jede Unterstützung aus Castell nach Hochheim zu verhindern, erstürmte eine im Bau begriffene Redoute und nahm deren Stellung unter dem Kanonenschuss von Castell.

Nach der Ordre de bataille der in Deutschland operirenden österreichischen Armee erhielt dieselbe den linken Flügel zugewiesen. Dahin begann die Bewegung am 11. November über Darmstadt, Heidelberg, Durlach, Freiburg, und nach kurzen Kantonirungs-Quartieren in Mühlheim und Candern, am 20. Dezember in ein Lager bei Lörrach.

Am 21. Morgens wurde der Rhein bei Basel überschritten und Oberst Georgii auf der Brücke von einem Verwandten begrüsst. Der Marsch des Regiments gieng im Corps des General Grafen Bubna über Solothurn, Bern, Lausanne, und es rückte am 30. Dezember 1813 in Genf ein.

Hier wurde Oberst Georgii zum Stadt- und Festungs-Commandanten ernannt und diese Verwendung nahm um so mehr dessen ganze Thätigkeit in Anspruch, als es sich darum handelte, die Werke zu armiren und in Vertheidigungszustand gegen den Feind zu setzen, der von Grenobel vordrang und unter General Dessaix von Savoyischer Seite wirklich uns blokirte.

Für diese rastlos angestrengte, aufopfernde Dienstesleistung wurde der Oberste von Sr. Majestät dem König von Sardinien, über Anempfehlung des Feldmarschall-Lieutenants Grafen Bubna, mit dem Ritterkreuz des St. Mauritius- und Lazarus-Ordens ausgezeichnet. —

Durch die Operation der Südarmee der Alliirten gegen Lyon gezwungen, hob der Feind vom 22. auf den 23. März 1814 die Blokade auf und wir verfolgten denselben über Rumily nach Chambery.

Bei dem weiteren Vorrücken erhielt das Regiment den Auftrag bei Montmellian über die abgetragene Brücke der Iser, die jenseitige hochgelegene starke Position der Franzosen zu erstürmen. Alle Vorbereitungen dazu waren bereits getroffen, als es von diesem Angriff abkam, da die Franzosen das Department d'Isér räumten und wir ungehindert nach Grenoble vorrücken konnten.

Der zu Paris mit dem französischen Gouvernement geschlossene Waffenstillstand hatte eine ausgedehnte Dislocation der alliirten Armee zur Folge, dazu wurde Arbois et Concureuz dem Regimente zugewiesen und es marschirte dahin über Lyon und Long les Sonniers und rückte am 18. Mai 1814 in Arbois ein.

Hier erhielt das Regiment den Befehl zum Rückmarsch in die k. k. Staaten; es brach am 26. Mai 1814 auf und nahm den Weg über Levancour, Hüningen, Candern, Freiburg und Kirchzarten.

Wenn ich mich nicht irre, so war es am 1. Juni 1814 in Levancour — Lützel — wo wir einen höchst vergnügten Abend mit dem Obersten Georgii bei Verwandten — ich glaube einem Schwager — desselben zubrachten.

In Kirchzarten ereilte das Regiment die Bestimmung nach Mainz in Garnison. Es veränderte daher seine Marschrichtung zurück über Freiburg, Achern, Wisloch, Heidelberg, übersetzte den Rhein bei Germersheim und kam vorerst am 25. Juni nach Bingen, den 24. Juli nach Oppenheim, endlich den 24. September 1814 nach Mainz zu liegen.

Zu dem im Jahre 1815 wieder gegen Napoleon ausgebrochenen Krieg erhielt das Regiment die Eintheilung in das Corps des Kronprinzen — König Wilhelm — von Württemberg, welches sich bei Philippsburg am rechten Rheinufer sammelte, brach am 8. Mai von Mainz auf und traf über Worms und Mannheim den 15. in Graben ein.

Den 23. Juni wurde der Rhein bei Germersheim überschritten und an Landau vorüber über Weissenburg, den 26 Juni 1815 gegen Saarburg vorgerückt.

Saarburg, zur Vertheidigung höchst vortheilhaft gelegen und vom Feinde stark besetzt, wurde vom 1. Bataillon im ersten Anlauf stürmend genommen und der Feind in den Hagenauer Forst geworfen. Der Verlust betrug 3 verwundete Offiziere, wovon einer bald darauf starb, und 70—80 Mann todt und verwundet. Oberst Georgii erhielt bei diesem Angriff einen Streifschuss am rechten Handgelenk, dessen Pferd einen Schuss durch den Hals und mir an seiner Seite — ich war Regiments-Adjutant — wurde durch eine Kugel der Degen aus der Hand gerissen.

Am 28. Juni wurde Strassburg cernirt und vom Regiment dabei der französische linke Flügel umgangen und Niederhausbergen besetzt.

Vom 5. auf den 6. Juli wurde vom Regiment über Zabern nach Les quattre Vents, einem Dorfe bei Pfalzburg, abgerückt und von demselben diese Festung eingeschlossen.

Am 15. Juli wurde das Regiment durch kaiserl. russische Truppen von der Blokade abgelöst und wieder zu dem Cernirungs-Corps vor Strassburg zurückgezogen. Es stand bis zu hergestelltem Frieden im Lager bei Oberschöffelsheim.

Am 16. September 1815 trat es den Rückmarsch in die k. k. Staaten über Fort-Louis, Rastadt, Cannstadt, Ulm, Regensburg, Klattau und Prag an und kam in die Festung Josefstadt, bald darauf aber u. z. im Dezember 1815 nach Gitschin in Garnison.

Am Tage des Aufbruchs von Strassburg begab sich Oberst Georgii mit Urlaub zu seinen Verwandten und vereinigte sich mit dem Regiment erst wieder in Regensburg am 5. Oktober 1815.

In Gitschin blieb Georgii bis zum Jahre 1821 in Garnison und sein Aufenthalt daselbst ward nur durch Dienst- und Vergnügungsreisen nach Prag und in das Riesengebirge unterbrochen.

In diesem Jahre kam im August dem Regiment der Ruf nach Italien zu, es brach schon den 14. dahin auf und traf über Wien, Gratz, Laibach, Verona, Monza den 29. Oktober in Como ein. Hier blieb Georgii mit dem Regiment nur bis zum 25. November, denn es kam nach Lodi und von da am 24. Jänner nach Pizzighetona zu liegen. Endlich erfolgte die Bestimmung des Regiments zu der, unter dem en chef commandirenden General der Kavallerie Baron Frimont nach Neapel operirenden Armee.

Am 5. Februar 1821 wurde aufgebrochen, am 10. bei St. Benedetto der Po überschritten und über Modena, Bologna, Florenz am 26. Foligno erreicht.

Erst am 8. März wurde der Marsch über Spoletto, Pontemoli — bei Rom — fortgesetzt, den 18. bei Coprano die neapolitanische Grenze überschritten und den 22. in Capua eingerückt.

Während die übrigen Truppen den Marsch am 23. nach Neapel antraten, wurde das Regiment nach Gaeta beordert, um diese Festung zu übernehmen und zu besetzen.

Am 24. bezog dasselbe ein Lager bei Molo di Gaeta und wurde in der Nacht zum 25. aus Kanonier-Chaluppen ohne Erfolg beschossen, die zu diesem Zwecke aus Gaeta ausgelaufen waren, und das Weite suchten, sobald unsere Batterie das Feuer erwiederte.

Am 25. März übergab Generallieutenant Begani die Festung und das Regiment rückte in dieselbe ein.

Oberst Georgii wurde mit dem Festungs-Commando betraut und ich mit meiner Beförderung zum Hauptmann am 16. Februar 1822 zum Platzcommandanten ausersehen, nachdem ich seit dem 15. November 1813 — also durch volle 8 Jahre und 3 Monate dessen Adjutant und sein steter Begleiter war!

Im Jahre 1821 starb der Feldzeugmeister Fürst Reuss-Greitz und das Regiment erhielt den Feldmarschall-Lieutenant und Truppen-Commandanten in Sizilien Graf von Lilienberg, zum Inhaber.

Im April 1824 wurde ich als Adjutant des Truppen-Corps und meines Regiments-Proprietairs nach Sizilien berufen; schwer ward mir die Trennung von dem mir höchst theuer gewordenen Obersten, um so grösser ist aber auch wieder die Freude gewesen, als mit seiner Beförderung zum Generalen, ich seine Eintheilung nach Palermo las und ich ihn noch im August dieses Jahres wieder sah!

Am 9. April 1825 räumten die kaiserl. österreichischen Truppen Sizilien und leider trennte ich mich für dieses Leben in Generalen Georgii von einem Manne, welchen ich, seiner ausgezeichneten Eigenschaften wegen, mit der höchsten Achtung vereinigten Liebe, als väterlichen Freund hoch verehrte, denn er starb zu Mantua in Folge eines Sturzes mit dem Wagen bei einer Spazierfahrt, wobei er sich — wie ich glaube — den rechten Oberschenkel brach. —

Aus dem Leben des Generalen Georgii vor dem Jahre 1813 ist mir bekannt, dass er unter den böhmischen Regimentern einen ausgezeichneten Ruf der Tapferkeit genoss, welchen er sich vorzüglich als Commandant eines Grenadier-Bataillons im Feldzuge des Jahres 1809 in den Schlachten von Eckmühl, Aspern und Wagram erworben hat.

Georgii hatte ungefähr 5 Schuhe 7 Zoll österr. im Masse, eine ziemlich gerade Haltung, aber sein Gang war etwas vorhängend und in die Knie gesunken. Sein Anzug war zwar etwas bequem, aber mit vielem Fleisse gewählt, zierlich und immer ausgezeichnet reinlich.

Sein Gesicht, vor der Zeit etwas gealtert, gewöhnlich mehr blass als gefärbt, flösste Ehrfurcht ein, und wenn gleich, besonders im Dienste, sehr ernst und, wo nothwendig, auch streng, zeichnete ihn im sozialen Leben Mitgefühl und Freundlichkeit, besonders aber ein chevaleresker Sinn für Damen aus. Er war durch und durch rechtlich und ein Biedermann im vollsten Sinne des Wortes!

Dienstbeschreibung,

aus den Hofkriegsraths-Akten entnommen von Feldmarschall-Lieutenant Heller von Hellwald.

Oberst und Regiments-Commandant des k. k. 18. Linien-Infanterieregiments Graf Lilienberg August von Georgii, geboren 1768 zu Mömpelgard in Frankreich, ledig, evangelisch, hat Beihülfe, ist ein Zögling der Militär-Akademie zu Stuttgart.

Trat in österreichische Dienste am 14. Juli 1787.

Bei reduzirter Württemberg. Infanterie als Kadet 2 Jahr.

Bei Pellegrini und Kerpen Nr. 49 als Fähnrich 4 Monat.

Bei reduzirter Württemberg. Infanterie als Unterlieutenant 11 Monat.

Oberlieutenant 7 Jahr 9 Monat.

Kapitainlieutenant 1 Jahr.

Hauptmann 6 Jahr 2 Monat.

Bei Argenteau Nr. 35 Major 2 Jahr 2 Monat.

Bei Kollowrath Nr. 36 Major 1 Jahr 8 Monat.

Oberstlieutenant 2 Jahr 5 Monat.

Zweiter Oberst 1 Jahr 6 Monat.

Bei Lilienberg Nr. 18 Oberst und Regimentskommandant 10 Jahr 5 Monat.

Dient in Allem bis 31. August 1823 36 Jahr 4 Monat.

Rang als Oberst vom 20. September 1813.

Musste 1811 als zurückberufener französischer Unterthan als Oberstlieutenant mit Oberstcharakter der Formalität nach quittiren, erhielt nach einigen Monaten die Erlaubniss in österreichischen Diensten verbleiben zu dürfen und wurde als Oberst und Grenadierbataillons-Commandant wieder angestellt.

Von starkem Körperbau, fester Gesundheit. Spricht deutsch und französisch, schreibt ersteres ziemlich gut, letzteres aber vollkommen; spricht auch etwas italienisch; hat Kenntnisse in der Geometrie, Militär-Zeichnung, Aufnahme und Feldbefestigung. Ist in der Geographie und Geschichte sehr bewandert, liebt Lektüre und ist überhaupt ein fähiger und gebildeter Mann. Hat einen edlen und biedern Charakter, eine besondere Gutmüthigkeit und ein hohes Ehrgefühl. Ist ein erprobter rechtschaffener und allgemein beliebter Mann. Sein Betragen ist voll Anstand und Würde. Angenehmer und jovialer Gesellschafter, der überall gern gesehen ist. Streng billig, füllt er seinen Platz als Regiments-Commandant vollkommen aus. Kennt alle Zweige des Dienstes vollkommen; hat ausserordentlichen Ordnungssinn, betreibt die Geschäfte mit Leichtigkeit und dem gehörigen Takt. Unermüdet fleissig; reitet gut und keck. Vor dem Feind tapfer, kaltblütig und sich immer gegenwärtig.

Mitgemachte Feldzüge:

Gegen die Türken 1789,

„ „ niederländ. Insurgenten 1790.

„ Frankreich 1792, 1793, 1794, 1796, 1797, 1799, 1800, 1805, 1809, 1813, 1814 und 1815,

„ Neapel 1821.

Er hat 1809 bei Wagram und Znaim sich ausgezeichnet. Erhielt 1813 wegen seines Wohlverhaltens bei Leipzig den preuss. Orden pour le merite und 1814 den St. Mauriz- und Lazarus-Orden. Er schritt wegen seiner Auszeichnung in der Schlacht von Deutschwagram um den Maria-Theresia-Orden ein.

Er wurde 1793 bei Valenciennes am linken Arm schwer, den 26. April 1794 bei Landrecy in der Schulter leicht blessirt.

Wurde am 3. Dezember 1800 in der Schlacht bei Hohenlinden als Hauptmann gefangen, und nach drei Monaten beim Friedensschluss wieder ausgewechselt. War als Unterlieutenant durch eilf Monate Gallopin bei Sr. Hoheit dem Feldmarschall Prinz Württemberg.

Diese Dienstbeschreibung ist verfasst Capua im Königreich Neapel am 31. Oktober 1823.

Freiherr Paumgarten General-Major.

Einverstanden Neapel am 1. November 1823.

Baron Lederer Feldmarschall-Lieutenant.

Einverstanden Neapel am 20. November 1823.

Frimont G. d. K.

Wurde später k. k. General-Major und Festungs-Commandant in Gaeta. Erhielt 1826 vom König von Neapel das Grosskreuz des Ordens S. Giorgio della riunione, trug es aber nicht mehr, da er mittlerweile starb.

Diente im Winter von 1825—1826 als Brigadier in Mantua. Am 5. März 1826 wurde er mit seinem Wagen umgeworfen, brach das rechte Schenkelbein und starb in Folge dessen am 9. März. Er wurde am 10. März Nachmittags beerdigt, ruhet somit in Mantua. Seine beiden Orden: der preussische und sardinische, gingen, den Statuten gemäss, an die betreffenden Höfe zurück.

Er besass auch das Armee- (Kanonen-) Kreuz für 1813—1815.

Für die richtige Abschrift aus den vormaligen hofkriegsräthlichen Akten

Wien am 20. November 1856.

Friedrich Heller von Hellwald
k. k. Feldmarschall-Lieutenant.

—

Schreiben des Königl. Neapolit. Ministers Carafa

an

Consul Georgii,

mit Copie des Dekrets, betreffend die Ernennung des General von Georgii zum Grosskreuz des heiligen St. Georgs-Ordens.

Naples, ce 20. Mai 1859.

Monsieur le Chevalier!

En réponse à votre missive du 24. Avril dernr. j'ai le plaisir de Vous remettre une Copie du Décret Royal par le quel feu S. M. le Roi François 1er. accorda à votre Cousin Auguste de Georgii la Grande Croix de l'ordre de St. George de la Réunion; décoration dont cependant il ne put jouir à cause de sa mort.

Je saisis en attendant volontiers cette occasion pour vous exprimer les sentimens de ma considération particulière.

Le Chargé du Portefeuille des
Affaires Etrangères
Carafa.

Monsieur le Chevalier Géorgii,
Consul des Pays-Pas
à Stuttgart.

Real Segreteria e Ministero di Stato di Casa Reale — Rip. Copia — Signor Generale! Il Re mio Signore, avendo presi in considerazione non meno le ottime, e pregevoli qualità delle quali è adorna la di Lei persona, che le ripruove di particolare interesse pel bene di questo Regno, che à Ella date alla M. S. è venuta a nominarla Cav. Gran Croce del Real Ordine Militare di S. Giorgio della Riunione. Nel Real Nome, e con mio particolar piacere ne la prevengo per sua intelligenza, Napoli 25. Marzo 1826 — Firmato — Il Marchese Ruffo — Sig. Cav. de Giorgy Generale Maggiore, già Comandante in Gaeta, al servizio di S. M. l'Imperatore d'Austria.

Per copia conforme Il Ministro Seg. di Stato
Presid. del Cons. de Min.
F. Troja.

Uebersetzung.

Königliches Staats-Secretariat und Ministerium des Königl. Hauses:

Herr General! Nachdem der König, mein Herr, die vortrefflichen und schätzenswerthen Eigenschaften, welche Ihre Person zieren, nicht minder als die Beweise besonderen Interesses für das Wohl dieses Reichs, welche Sie Seiner Majestät gegeben haben, in Erwägung gezogen hat, hat er geruht, Sie zum Grosskreuz-Ritter des Königlichen militärischen Ordens des heiligen Georgs der Wiedervereinigung zu ernennen. Im Namen des Königs und zu meiner besondern Freude setze ich Sie hiemit davon in Kenntniss. Neapel den 25. März 1826 — Unterzeichnet — der Marquis Ruffo — Herrn Ritter von Georgy, Generalmajor, früher Commandant in Gaeta, im Dienste Seiner Majestät des Kaisers von Oesterreich.

Für die Treue der Abschrift der Minister Staats-
Secretär Präsident des Raths der Minister
F. Troja.

VII.

Eberhard Heinrich von Georgii,

General-Auditor der Württemb. Armee. K. Württemb. Obertribunal-Direktor.
Verheirathet mit Henriette von Wider.

Geboren 2. September 1765.

Gestorben 26. Mai 1841.

15

Rede des General-Auditor v. Georgii,

vorgetragen bei der Grundsteinlegung des Invalidenhauses in Stuttgart. Juni 1807.

Allerdurchlauchtigster, Grossmächtigster König,

Allergnädigster König und Herr!

Auf Euer Königl. Majestät allerhöchsten Befehl trete ich hier auf, um bei der gegenwärtigen feierlichen Veranlassung öffentlich zu sprechen.

Die Gabe und Talente rednerischer Beredsamkeit habe ich nicht, aber die Sprache des Herzens kann und werde ich sprechen.

In der Geschichte Württembergs zeichnen sich die Ereignisse der letzten zehen Jahre auf eine Art aus, wo es vorher Verwegenheit gewesen wäre, sie nur zu hoffen. Ein Herzogthum des vormalig teutschen Reichs, leidend unter den Drangsalen des Krieges, sehen wir glücklich durch mehrere Kriege geführt. Indem wir den Fall anderer teutschen Staaten sahen, finden wir unser Vaterland um mehr als das Doppelte an Umfang und Einwohnern vergrössert, in Achtung und Ansehen. Unser allergnädigster Souverain nahm die Königswürde an, Länder von so vielfachen Verfassungen sind glücklich in Ein Ganzes, in Ein nur nach einerlei Grundsätzen regiertes Königreich vereinigt.

Hier ist weder der Ort, noch Beruf davon zu reden. Unverkennbar ist die Hand, welche mit hoher Weisheit, Staatsklugheit und Beharrlichkeit alles leitete.

Wir müssen uns bei unsern Betrachtungen auf das vor unsern Augen liegende Ereigniss beschränken.

Dieses fordert jeden treuen Württemberger, insbesondere uns vom Militärstand auf, mit unsern Gedanken, mit unsern Empfindungen darauf zu verweilen. Wir sehen hier die Grundlage zu einem Invalidenhause, wozu Euer Königl. Majestät als erhabenster Stifter den Grundstein zu legen allergnädigst geruhen wollen, und zwar nach bereits vorangegangener feierlichen Bitte um den göttlichen Segen für die Anstalt, mit all denjenigen soleunen Gebräuchen, welche die vaterländische Geschichte, das Herkommen, die Würde des Königreichs und die Wichtigkeit einer so wohlthätig schönen Anstalt mit sich bringen.

Blicken wir zehn Jahre zurück, in welcher Verfassung unser Militär gewesen, und wie es jetzt ist! Wie glücklich finden wir alle Umstände der Zeit benutzt, es auf einen so glänzenden, so respektablen Fuss zu setzen? Wir bewundern an unserer Spitze unsers allerdurchlauchtigsten Königs und Kriegsherrn Majestät.

Wir verehren unter uns den durchlauchtigsten Königssohn, des Herrn Kronprinzen Königl. Hoheit.

Wir verehren unter uns zwei durchlauchtigste Königl. Brüder, der beiden Herrn Herzoge und Feldmarschalls Hoheiten.

Ehre für uns, neben noch weitern Prinzen des Königl. Hauses und anderer Fürsten Häuser zu dienen.

Welchen Geist pflanzte unser König seinem Militär ein? Wem anders als diesem Esprit und der Liebe des Soldaten zu seinem Kriegsherrn haben wir den Ruhm zu danken, welchen die Württembergische Armee sich im Feld erworben!

Allein unser allergnädigster König will nicht blos mit und durch sein Militär glänzen, Ruhm und Vortheile erwerben. Nein! er will auch als Versorger, als Vater von seinem Militär verehrt und geliebt sein.

Bescheidenheit und Ehrfurcht verbieten uns, darüber in der allerhöchsten Gegenwart zu sprechen, aber wir können die Empfindungen unserer Herzen nicht ganz unterdrücken und hoffen auf die allergnädigste Nachsicht unsers Kriegsherrn, wenn wir — nicht Worte des Lobes, darüber ist er zu erhaben, nein! nur Worte des Dankes vorbringen.

Ehre und Glück ist es für mich, das Organ sein zu dürfen, wodurch unser Militär seine Gesinnungen gegen den Monarchen darlegt.

Wir sehen, wir fühlen es mit den Empfindungen der dankbarsten Verehrung, wie das Militär zu Haus und im Felde aufs pünktlichste mit allem versorgt wird, was zu seiner Subsistenz und Wohlstand gehört.

Welche Theilnahme beweist nicht unser allerdurchlauchtigster Kriegsherr an unsern Brüdern im Feld?

Wer sollte nicht gerne für Ihn fechten, für Ihn sterben?

Man kann es mit der grössten Beruhigung, die in unserem Stande möglich ist.

Wir kennen die allerhöchste Vorsorge für Wittwen und Kinder der Krieger, die den ehrenvollen Tod für Ihren König starben. Wir kennen die allerhuldreichste Vorsorge für verdiente und ausgediente Leute. Wir kennen diese Wohlthaten nicht blos aus den Gesetzen und Zusagen, wir kennen in den vorgekommenen Fällen bereits die huldreichste Erfüllung.

Wie gut wurde bisher schon für verstümmelte Krieger gesorgt? Diese Rede zieht mich hin zu Euch, Ihr invalide Krieger, die Ihr soeben von dem Feld der Ehre zurückkommt. Ihr thatet im Dienst Eueres Königs als tapfere Krieger Eure Pflicht. Das Schicksal erhielt Euch das Leben, aber nicht die Gesundheit und Unverletztheit Eurer Glieder.

Wir sehen Euch mit Wunden bedeckt, die Ihr vor dem Feind erhieltet. Solche Wunden wurden in allen Zeiten und bei allen Völkern als ehrwürdige Zeichen der Tapferkeit betrachtet. Auch wir schätzen ihren Werth, Eure Tapferkeit.

Ihr kamet zurück und gleich bekamet Ihr Beweise Königlicher Gnade. Ihr kamet zurück, und das Glück will Euch, Zeuge der Grundstein-Lage zu einer Anstalt zu sein, die für Euch bestimmt ist, die bestimmt ist, Euch Euer Loos zu erleichtern, Euch ein ehrenvolles sorgenfreies Leben in Ruhe zu bereiten.

Nach der allerhöchsten Fundations-Ordre vom 29. Dezember 1806 wird zu einem bleibenden Merkmal der Allerhöchsten Zufriedenheit mit dem Benehmen der Königl. Armee im Feld ein eignes Invalidenhaus in hiesiger Residenz errichtet, das darein bestimmte Invaliden-Corps als das Erste in der Königl. Armee auf das Ehrenvollste ausgezeichnet, auf das Wohlthätigste und Vollständigste versorgt.

Dies ist der wahre Gesichtspunkt der Ehre und Vorsorge des Staats für seine Krieger.

Hier ist die Stelle, wo wir dies Haus sich werden erheben sehen. O gewiss! der Himmel sieht mit Wohlgefallen herab auf dieses Werk der Ehre und belohnten Treue, und wird es segnen.

Wir danken der göttlichen Vorsehung für dieses so wohlthätige Institut.

Wir danken Euer Königl. Majestät in tiefster und innigster Verehrung für diese allerhöchste Königl. Gnade und Wohlthat.

Welch schöne Aussicht für den alten, für den verstümmelten Krieger? Mit Ehre, mit Ruhe und Gemüthlichkeit kann und soll er hier seine letzten Tage verleben, kann sich und seinen Kameraden, kann den ihn besuchenden jungen Kriegern von den Thaten seines Regiments im Feld der Ehre, von gewonnenen Schlachten und Eroberungen erzählen, sie zu gleichen, zu noch grösseren Thaten anfeuern, aber immer wird er rühmen, wie schön es sei, viele Jahre treu gedient, im Feld der Ehre für seinen König geblutet zu haben, und wie glücklich er sich in der jetzigen Versorgung fühle.

Kann er nicht mehr mit Thaten wirken, so wird er durch sein Beispiel, durch Ermunterung der jungen Krieger wirken.

Wir wollen aber nicht bei den Gefühlen des Dankes stehen bleiben, sondern solche thätig äussern.

An dieser Stelle, bei dieser festlichen Veranlassung wollen wir die festen Entschlüsse fassen und erneuern, im Angesicht des allwissenden Gottes, in Gegenwart unsers allerdurchlauchtigsten Königs, einer grossen Höchst- und Hochansehnlichen Versammlung, Ihm, unsern Kriegsherrn und Königl. Wohlthäter, jeder nach seinem Beruf mit der grössten Treue, Gehorsam und tiefster Verehrung zu dienen, aufs pünktlichste seinen Befehlen zu folgen, zu folgen im Vaterland, zu folgen in das Feld der Ehre, und da muthig dem Sieg oder dem Tod für ihn entgegen zu gehen.

So sehr wir uns über das heutige frohe Ereigniss freuen, so thun es gewiss noch mehr unsere Brüder im Feld, wenn sie die frohe Nachricht hören. Denn ihnen, die den Gefahren ausgesetzt sind, ist zunächst dies Haus der belohnten Treue und Tapferkeit bestimmt.

Wir brauchen uns desshalb nicht an blosse Vorstellungen zu halten.

Hier die zurückgekommenen Invaliden sind ihre Abgeordnete, und an deren Freude können wir die Freude der ganzen Armee sehen. Aber wir von Seiten des Militärs sind es nicht allein, die einen Tag der Freude, des Dankes feiern.

Auch unsere Mitbürger theilen die Gefühle der Freude mit uns.

Sie sehen ein, dass, indem sie ruhig zu Haus, im Schoosse ihrer Familien, in ihrem friedlichen Beruf und Gewerben leben, der Soldat es ist, der die durch die Staatsverhältnisse dem Reich obliegende Pflichten erfüllt, für das Wohl und Wachsthum des Vaterlandes kämpft, Gesundheit, Ruhe und Leben auch für sie aufopfert.

Sie freuen sich, sie erkennen, was ihre Brüder, ihre Väter, ihre Söhne für sie thun, wie sie Ruhm für den National-Namen einernten, wie ihnen ihr Souverän eine ehrenvolle Zukunft bereitet, und dass dies Haus, diese Anstalt unter den vielen Verschönerungen der Königsstadt die edelste, die erhabenste ist.

Sie und wir! alle Unterthanen eines Monarchen!

Wir huldigen Ihm, wir verehren Ihn, wir überlassen uns mit hingebendem Vertrauen ganz seiner Leitung. Wir freuen uns mit Ihm über das Glück der Königl. Waffen, aber mit Ihm bitten wir den Allgütigen um baldigen Frieden!

Gott segne, Gott erhalte unsern König!

Er segne das allerhöchste Königshaus!

Er segne das Vaterland!

Er lasse dieses Haus zu einer Wohnung des Dankes, der Ruhe und eines frohen Uebergangs in die Wohnungen des ewigen Friedens werden!

Brief des Württembergischen Minister-Präsidenten v. Maucler
an
Direktor von Georgii.

Euer Hochwohlgeboren

Wollen es den vielen Geschäften, die ich bei meiner Rückkunft zu erledigen angetroffen habe, einzig zuschreiben, dass ich erst heute Ihre verehrliche Schreiben vom 1. und 21. v. M. beantworte.

Dass Euer Hochwohlgeboren in dem Wirkungskreise glücklich und zufrieden sind, der Ihnen von unserem allergnädigsten Herrn angewiesen worden ist, habe ich mit grossem Vergnügen aus jenen Briefen entnommen.

Je wichtiger die Ihnen anvertraute Stelle für das Gedeihen der Justizverwaltung ist, um so mehr bin ich darüber erfreut, dass sie einem Manne zu Theil geworden, auf dessen Vertrauen und Freundschaft ich rechnen zu dürfen glaube.

Mögen Sich Euer Hochwohlgeboren davon in der Folgezeit überzeugen, dass es mein unausgesetztes Bestreben ist, mich dieser Gesinnungen werth zu machen und ich die schönste Belohnung meines Berufs in denselben finde.

Mit den Empfindungen der freundschaftlichsten Hochachtung verharre ich

Euer Hochwohlgeboren

Stuttgart, den 17. Sept. 1821.

gehorsamster Diener

Maucler.

Auszug aus dem Schreiben des Ministers von Berg in Oldenburg.

früheren Bundestags-Gesandten in Frankfurt,

an seinen Freund

Direktor von Georgii.

Oldenburg, den 13. Juli 1822.

Liebster Freund.

Mit meiner hiesigen Lage bin ich sehr zufrieden. Allerdings arbeitet man hier reeller, als in Frankfurt, wo, wenigstens der Geschäftsgang, eine sonderbare Wendung nimmt. Dass dort im Detail nicht viel herauskommen werde, habe ich auch nur zu bald mich überzeugt. Aber es ist schon genug, wenn nur das ganze Gebäude zusammen gehalten wird. Gelingt dies auf längere Zeit, so wird eben die Zeit schon fortbilden. Nur muss man nicht zu rasch eingreifen, und vorher im Stillen die Praxis wirken lassen, als mit Geräusch die Theorie vollenden wollen. Indem Freund Wangenheim mit aller Gewalt auf Letzteres hinarbeitet, begeht er, meiner Meinung nach, einen grossen Fehler, der gefährliche Folgen haben kann. Mein ganzes Bestreben war, unbemerkt immer mehr Grund für das Bundesgebäude zu gewinnen, und in diesem Sinne habe ich auch bei den letzten Conferenzen in Wien gehandelt.

Hochwohlgeborner Herr Obertribunal-Direktor,

Hochverehrtester Gönner!

Mit höchst wehmüthiger Empfindung und wahrem Schmerz habe ich Euer Hochwohlgeboren Gesuch um Enthebung von den Functionen bei dem K. Obertribunal empfangen, und dasselbe, meiner Obliegenheit gemäss, dem K. Justiz-Ministerium mit einem Berichte vorgelegt, in welchem ich der von Hochderselben auf einer mehr als fünfzigjährigen ausgezeichneten Laufbahn gesammelten grossen Verdienste zu erwähnen nicht unterlassen konnte. Während ich so viel Ursache habe, die baldige Auflösung des amtlichen Verhältnisses zu Euer Hochwohlgeboren zu betrauern, gereicht mir jedoch die Zusicherung der Fortdauer Ihrer Geneigtheit und freundschaftlichen Gesinnungen zu namhafter Beruhigung, von welchen ich mich bisher zu meinem innigsten Dank so vieler sprechenden Beweise zu erfreuen hatte. Niemand kann aufrichtigere Wünsche für die ungetrübte Ruhe und das Glück Euer Hochwohlgeboren künftigen Tage hegen, als ein Mann, der, wie ich, von der Ueberzeugung durchdrungen ist, welche grosse und bewährte Ansprüche Sie hierauf haben.

Mit unbegrenzter Verehrung und innigster Anhänglichkeit

Euer Hochwohlgeboren

Stuttgart, den 22. Mai 1840.

gehorsamster Diener
Gaisberg.

Sr. Hochwohlgeboren
Herrn Obertribunal-Direktor
von Georgii
in Stuttgart.

Anhang.

Berichte des Herzogl. Württemb. Geheimderaths Joh. Eberhard Georgii an den regierenden Herzog Carl von Württemberg, datirt Augsburg Februar — April 1745, betreffend seinen Verkehr mit dem Feldmarschall Grafen von Seckendorf, während der Verhandlungen, welche den Füssener Frieden zur Folge hatten (22. April 1745).

Seckendorf und Georgii

lernten sich im Italien. Krieg 1720 kennen und schätzen und wird es dadurch erklärlich, dass Seckendorf die wichtigsten Staatsgeheimnisse mit Georgii besprach.

Die von dem Württemberg. Geheimen Rath Georgii von Augsburg aus an den Herzog Carl erstatteten Relationen vom Februar bis April 1745 umfassen den Zeitraum von dem Tode des Kaisers Carl VII. bis zu dem am 22. April 1745 zu Füssen abgeschlossenen Frieden. Bekanntlich hatte der Churfürst Carl Albrecht von Bayern nach dem Tode des Kaisers Carl VI., als Gemahl einer Tochter des Kaisers Joseph I., Ansprüche an die deutsch-österreichischen Länder erhoben, und mit Hülfe französischer Truppen Oberösterreich und Böhmen erobert. Zu gleicher Zeit wurde Schlesien von Friedrich d. Gr. in Besitz genommen. Während diese Provinz für Oesterreich verloren ging, verliess den Churfürsten von Bayern, der inzwischen zum deutschen Kaiser gewählt worden war, sein bisheriges Glück. Er musste sich nach Bayern zurückziehen und wurde von den österreichischen Truppen aus seinem Erblande vertrieben. Zwar führte ihn sein Feldmarschall Graf v. Seckendorf durch geschickte Manöver nach München zurück, allein da ihn die Franzosen im Stich liessen, konnte er keine weiteren Vortheile über die österreichische Armee erzielen, und wurde auch sonst vom Missgeschick verfolgt. Der Gram über letzteres beschleunigte seinen Tod, der am 20. Januar 1745 erfolgte. Sein Sohn Max Joseph setzte zwar, von dem König von Preussen und dem französischen Gesandten Chavigny angefeuert, die von dem Vater erhobenen Ansprüche fort, zeigte sich aber bei seinem ruhigen Temperament zur Aussöhnung mit dem österreichischen Hofe geneigt, und der Krieg wurde minder eifrig fortgeführt. Es wurden Friedensunterhandlungen in Augsburg eröffnet, wo Graf v. Seckendorf nach dem Tode Kaisers Carl VII. seinen Aufenthalt genommen hatte. Hier fand sich auch Georgii im Auftrage seiner Regierung ein, „um auf die Bewegungen der beiderseitigen Armeen und andere Vorfallenheiten ein wachsames Auge zu haben.“ Mit diesen wenigen Worten bezeichnet er in seinem „Lebenslauf“ den Zweck seines mehrmonatlichen Aufenthalts in Augsburg, der durch das Verhältniss, in welchem er hier zu dem Grafen v. Seckendorf, einem der berühmtesten Männer des vorigen Jahrhunderts stand, eine merkwürdige Periode seines Lebens bildet. Dass in der Biographie hievon nichts erwähnt ist, mag daher rühren, dass dieser Verkehr in ein tiefes Geheimniss gehüllt werden sollte. — v. Seckendorf, einer Freiherrl. Familie in Franken angehörig und 1719 zum Reichsgrafen ernannt, wurde 1675 geboren und erreichte ein Alter von 90 Jahren. Er trat frühzeitig in österreichische Dienste und nahm an dem Feldzuge des Prinzen Eugen gegen die Türkei, an dem spanischen Erbfolgekriege, sowie an dem Kriege Antheil, den Oesterreich gegen Spanien und Savoyen in den Jahren 1716—1720 in Italien führte. Hier wurde er mit Georgii bekannt, „der damals als Auditor und Secretär des Obersten v. Rohr, später als Ober-Auditor bei der kaiserlichen Armee sich befand und zu mehreren wichtigen Sendungen verwendet wurde, auch mit Seckendorf die Huldigung in Lippari Namens des Kaisers von Oesterreich einzunehmen hatte. Im Jahr 1720 schloss v. Seckendorf den Vertrag ab, wonach Sicilien von Savoyen gegen die Insel Sardinien an Oesterreich abgetreten wurde. Nach seiner Rückkehr zum kaiserl. Gesandten in Berlin ernannt wirkte er ungemein zum Vortheil seines Hofes, und verstand es mit grosser Geschicklichkeit, den König Friedrich Wilhelm I. fortwährend dem Interesse des Kaisers geneigt zu erhalten. Ihm hauptsächlich hatte es dieser zu verdanken, dass die pragmatische Sanction wegen der Erbfolge seiner Tochter Maria Theresia von der preussischen Regierung und vielen anderen Fürsten anerkannt wurde. Später übernahm er wieder ein Armeecommando und war insbesondere in dem 1735 ausgebrochenen Kriege gegen die Türkei thätig. Als dieser ein unglückliches Ende nahm, fiel er 1737 in Ungnade und seine Gegner bewirkten um so leichter seine Entlassung, als er Protestant war. Im Jahre 1741 trat er in die Dienste des Kaisers Carl VII., der ihm den Oberbefehl über sein Heer und die Leitung der diplomatischen Verhandlungen übertrug. Hiebei legte er dieselbe Geschicklichkeit wie in seinen Verhältnissen als österreichischer Gesandter an den Tag, hauptsächlich bei dem Abschluss der Allianzverträge Bayerns mit Preussen und Sachsen.

Als Georgii von der württembergischen Regierung im Januar 1745 nach Augsburg gesendet wurde, scheint dieselbe diesen Ort gewählt zu haben, um durch den Einfluss des hier verweilenden Grafen v. Seckendorf verschiedene den schwäbischen Kreis betreffende Angelegenheiten, insbesondere die Entschädigung der durch den dreijährigen Krieg entstandenen Kosten zu erledigen. Die zweite Sendung desselben im März erfolgte auf den ausdrücklichen Wunsch des Grafen, ein Beweis, welchen Werth dieser auf dessen geistige Fähigkeiten und Kenntnisse legte. Aus den Relationen geht hervor, dass Georgii das volle Vertrauen des Letzteren in den wichtigsten und geheimsten Angelegenheiten genoss, und es darf bei ihrem vertrauten Verkehr wohl angenommen werden, dass er von ihm als Rathgeber bei den dem Frieden von Füssen vorangehenden Verhandlungen beigezogen wurde. Es führt dies zu einer Vergleichung beider Männer. Merkwürdig ist, dass dieselben nach 28 Jahren, in welchem Zeitraume Beide durch die Mannigfaltigkeit der von ihnen besorgten Geschäfte und die vielseitige Verwendung im Staatsdienste sich auszeichneten, noch einmal in reiferem Alter zusammentrafen, um gemeinschaftlich an einem grossen Werke zu arbeiten. Dass eine Art von Geistesverwandtschaft zwischen ihnen stattfand, ergibt sich bei genauer Prüfung des „Lebenslaufs" von Georgii, der, wenn auch in bescheidenem Tone abgefasst, doch einen Mann von Selbstvertrauen darstellt, der stets mit sich einig bei einer klaren Auffassung der Verhältnisse im Handeln entschieden war.

Die Relationen geben einen Ueberblick der damaligen Lage und der Geschichtsforscher findet darin viel Neues über die sich widerstreitenden Interessen der Partheien, die bei den verschiedenen Höfen herrschenden Ansichten, die von Frankreich eingenommene Stellung und die Vorbereitungen zu einer neuen Kaiserwahl. Ein Ende des österreichischen Erbfolgekriegs war bei dem Tode des Kaisers Carl VII. noch nicht abzusehen. Friedrich d. Gr. hatte seinen zweiten Feldzug in Schlesien begonnen, und Frankreich sandte von Neuem eine Armee nach Deutschland und zahlte fortwährend Subsidien an Bayern. Der General v. Törring, welcher das von Seckendorf niedergelegte Commando der bayerischen Armee übernommen hatte und für Frankreich gewonnen galt, suchte die wiederholten Bemühungen des Churfürsten von Sachsen zu Herstellung des Friedens immer wieder zu vereiteln. Von Letzterem war die pragmatische Sanktion bereits anerkannt, und die Kaiserin Maria Theresia erklärte sich damit einverstanden, dass derselbe statt ihres Gemahls Franz zum deutschen Kaiser gewählt werde, indem sie für den Fall seines Todes ihrem ältesten Sohne die Kaiserkrone vorbehalten wollte. Im Verein mit Sachsen suchte auch der Ansbachische Hof und der Chürfürst von Mainz eine Aussöhnung zwischen Oesterreich und Bayern zu vermitteln. Diese wurde dadurch verzögert, dass Max Joseph, seinen Verpflichtungen gegen den König von Preussen getreu, das Verlangen stellte, dass derselbe in den Friedenstractat eingeschlossen werde. Auch Seckendorf stimmte hiefür, weil sonst nichts Gedeihliches für die Ruhe von Deutschland sich erzielen liesse, und derselbe Grund bestimmte den Churfürsten von Mainz, die Kaiserwahl noch zu verzögern. Die Kaiserin Maria Theresia drang dagegen auf einen Separatfrieden mit Bayern, weil ihr vor Allem daran lag, ihre Länder von dieser Seite zu sichern. Die ersten Schritte zu einem Ausgleich geschahen von Wien aus. Der Churfürst zeigte sich geneigt, darauf einzugehen, obwohl die Feindseligkeiten noch nicht eingestellt wurden, und ertheilte dem Fürsten von Fürstenberg die nöthige Vollmacht. Von der Kaiserin wurde der Fürst von Collorodo zu ihrem Bevollmächtigten ernannt, zugleich aber Seckendorf, der im Hinblick auf seine früheren Verdienste um Oesterreich noch in grossem Ansehen am Wiener Hof stand, zur Conferenz eingeladen. Für diese war die Stadt Augsburg von Bayern vorgeschlagen; aber nur die ersten Unterredungen zwischen den Bevollmächtigten fanden hier statt, die Schlussverhandlungen wurden in Füssen abgehalten. Georgii musste inzwischen noch in Augsburg verweilen, da die Angelegenheiten des schwäb. Kreises noch nicht zu Ende gebracht waren: es handelte sich jetzt hauptsächlich darum, in die Festung Ingolstadt eine Besatzung von neutralen Truppen des fränkischen und schwäbischen Kreises zu legen.

Anfangs April wurde zu Pfaffenhofen ein für die Franzosen und Bayern nachtheiliges Treffen geliefert; dies machte den Churfürsten und Seckendorf in ihrer Abneigung gegen einen Separatfrieden mit Oesterreich wankend, und derselbe wurde sofort zu Füssen am 22. April 1745 abgeschlossen. Zwischen Oesterreich und dem König von Preussen kam der Friede erst im Dezember 1745 zu Stande, nachdem Letzterer kurz zuvor bei der Kaiserwahl dem Gemahl der Kaiserin seine Stimme gegeben hatte.

Abschriften

der im Königl. Staatsarchive aufbewahrten Aktenstücke, Sendung des Geheimenraths von Georgii nach Augsburg betreffend, aus dem Faszikel „Gesandtschafts-Relationen" Abtheilung I. Fo. 10.

—

Durchlauchtigster * . . .

Gnädigster Fürst und Herr.

Ewer Hochfürstl. Durchlaucht solle hiemit in Unterthänigkeit berichten, dass ich gestern Abends allhier angelangt, und sofort mich ein- und andern Orts melden lassen. Nachdeme nun Herr General Feld Marchal v. Seckendorff solches durch die dritte Hand gleichfalls in Erfahrung gebracht, so bate Er Sich von mir heute die Visite ab, liesse mich aber zugleich zu Verhütung allen Aufsehens auf heute Vormittag in das dritte Ort beschaiden; da wir dann auch zwischen 11. Uhr zusammen kamen, und biss 1. Uhr ganz allein mit einander zu sprechen Gelegenheit fanden.

Bey diesser Underredung nun hatt Er mir nachfolgendes zu erkennen gegeben, und zwar Erstlich in Ansehung des Vergangenen: dass Ihro Maj. der höchstsel. Kaysser nicht allein von geraumer Zeit her sehr grosse Inclination zum Frieden bezeugt, sonderheitlich in Betracht der von Frankreich eine Zeit hero Ihme so schlecht geleisteter Hülfe, bezeugter Langsamkeit des Anmarches der Trouppen, der überall continuirenden Bedruckungen der Craissen, wordurch Ihnen nichts alss lauter Hass zugezogen würde etc. sondern auch würcklich den Anfang zu Friedens Propositionen gemacht habe. Gestalten . . . . halb an Hrn. Bischoff zu Bamberg durch Ihne den Hrn. FeldMarchall schreiben lassen, worauff der Concommissarius v. Rab würklich nacher München gekommen, um von Sr. Maj. selbsten das mündliche weiters zu vernehmen, dass der Hr. Bischoff darauff Sich der Sach auch bereits underzogen, und desshalb an WienerHoff geschrieben habe. Nachdem aber der Kaysser innzwischen mit Tod abgegangen, so seye gedachter von Rab vor Ein paar Tag wider von dem Hrn. Bischoff an des jetzigen Hrn. Churfürsten Durchlaucht abgeschickt worden, um zu vernehmen, ob Se. Churfürstl. Durchlaucht auch in diessen Gedanken noch stehe, oder wie Sie sonsten intentionirt seyn möchten? In etlichen tagen

*) Hier und an den nachfolgenden punktirten Stellen ist im Original der Text wegen Moders nicht mehr lesbar.

erwartte Er gedachten von Rab wider zurück, da Er dann das Weitere mir von dessen Verrichtung melden wolle. Nach der letzten affaire von Neumark, wovon Er Hr. FeldMarchall Kaysrl. Maj. in beysein des franz. Ministri von Chavigny die Relation gethan, hätten Se. Maj. über die dabei bezeugte Poltronnerie der franz. Trouppen sich sehr geärgert, und nachdeme Er Hr. Feld-Marchall dabey gemeldet, dass auf diese Art entweder Ihre Maj. nicht mehr sicher in München bleiben würden, oder aber, wie Er schon längst gerathen, Frieden machen müssten. Worüber Sich Kaysrl. Maj. im Bett herum gewälzt, Ihnen den Rücken gekehrt, und gesprochen: Nun so verlasst mich die ganze Welt, Ich will sie aber auch verlassen: Mein lieber Hr. FeldMarchall arbeiten Sie darauff, dass ich Frieden bekommen, und auss dem Embarras herauskommen möge. Se. Maj. hätten auch vor Dero End dem Kurprinzen es sehr recommendirt, sich auff alle Art auss dem Krieg zu ziehen, dieser habe es auch versprochen. Noch weiters habe auch Er Hr. FeldMarchall auss Befehl nacher Dresden geschrieben, um des Königs in Pohlen Maj. zu ersuchen, den Wiener Hoff auff friedliche Gedanken zu bringen, weilen aber Se. Maj. noch nicht wider zurück seye, so habe Er noch nicht erfahren können, von was Effect dieses sein Schreiben gewessen, ausser dass man Ihme gemeldet, wie dass Ihre Polnische Maj. mit lauter auff den Friden . . . Sentiments . . . . . Und in d . . . Umständen seyen die Sachen gestanden, da Kaysrl. Maj. mit Tod abgegangen. Da er nun nach der Hand gleichbald declarirt, dass Er als General vom Kaysser und Reich nicht mehr dienen könne, so seye Er von dem Churfürsten und andern zwar sehr angegangen worden, um zu verbleiben, Er habe aber rondement seine einmahl gethane declaration beharrt, auch zu Werk gesetzt, gleichwohlen aber Sich offerirt, Sr. Churfürstl. Durchlaucht mit getreuen auf den Frieden abzielenden Consiliis an Handen zu gehen, dafern Sie es von Ihme verlangen würden. Seit der Zeit, dass Er seine resolution vollzogen, und Sich hiehero begeben habe, seye er von dem was weiters in den Conferenzien vorgegangen, nicht informirt, dahingegen Hr. F. M. von Töring Ihme von dem, was in militaribus vorgehe, zum öfftern Nachricht ertheile. Mit vieler Mühe habe Er endlich es dahin gebracht, dass man von französischer Seits an Hand gegebenen Annehmung des Königl. Tituls von Böhmen, als durch welchen man alles auffs neue würde verdorben haben, endlichen abstrahiret. Herr Gr. Preysing seye zwar (nach seinen particulier-Nachrichten) tagtäglichen mit Chavigny in Conferenz, was aber herauss kommen werde, könne man sich leicht vorstellen, wann man jenes des Gr. Pr. Capacites und Gedankens-Art kenne. F. M. Töring seye in Ansehung der Nothwendigkeit des Friedens mit Ihme auff die letze einverstanden gewessen, und habe Ihn in aller Gelegenheit bey Kaysrl. Maj. appuyrt.

Und dieses so viel das Vergangene betrifft; bey welchem nur noch dieses zu suppliren (so ich oben bey dem Hrn. Bischoff zu Bamberg hätte unterthänigst melden sollen) dass dieser weyl. Kaysrl. Maj. versichert, dass der Königin in Ungarn Maj. ganz keinen Anstand nehmen würde, die Vorder-Oesterreich. Lande abzutreten; welches offertum weyl. Kaysrl. Maj. ohnfehlbar angenommen hätte, daferne Sie im Leben geblieben wären.

Anbelangend nun zweytens das gegenwärtige und zukünfftige, so äusserte Hr. FeldMarschall, dass ob Er zwar ganzlich davor halte, dass der jetzige Churfürst Sich auss dem Spiel halten werde, so seye es doch nicht möglich, dass er solches . . . . sondern Er müsste . . wendig noch einige Monat Zeit haben, biss Er seine Absichten hier und darunder bauen könnte; Indessen Er Hr. FeldMarschall glaube, dass sich die Franzosen ganz stille halten oder gar zurückziehen dörffen. Doch da dieses letztere sehr ungewiss, ja vielleicht das Gegentheil sich ereignen möchte, so seye auff Mittel und Weeg nunmehr zu gedenken, wie man diesse frembde Gäst vom teutschen Boden vertreiben, und währendem Interregni den innern RuheStand erhalten könne. Seines Erachtens seye kein anderer Weeg zu diesem Zweck zu gelangen, alss dass die Creisse zusammen träten, sich in eine positur setzten, Ihre Trouppen nach Aeusserung der Conjuncturen zusammen zögen und vereinigten, und wann es auch nur 20/*M*. Mann wären, so wären sie im Stande damit alle Gewalt abzuhalten. Um so nöthiger sey alles dieses, alss Er mir nicht verhalten könne, dass die Franz. und Preussischen Absichten auff lauter Vergewaltigung im Reich, auff die Wegnahme von Ulm und Cölln positive gerichtet gewesen seyen, und die Execution an nichts gehaftet habe, als an der blossen Einwilligung Kaysrl. Maj. wozu Sie aber die Hand so gar nicht biethen wollen, dass Sie vielmehr Ihre Crone ehender nieder zu legen, alss Sich solchergestalten an dem Reich zu vergreiffen, und sich selbiges ganz und gar auf den Hals zu ziehen, sich zu entschliessen declarirt. Mithin seye offenbar, wie ohnumgänglich es seye, sich ohne Verzögerung also gefasst zu machen, damit man nicht zur Zeit wann die operationes wieder angiengen, in die Gefahr eines ganzen Umsturzes versenkt werden möchte. Mittlerweil aber rieth er, dass man sich ganz stille halten, keine Gewalt nirgends brauchen, sondern allein noch eine Zeitlang mit remonstrationen und repraesentationen fortfahren, und das weitere auff künftige Auffschlüsse aussetzen solte. Solte in Kurzem das Systeme, wie zu hoffen seye, sich ändern, so glaube Er ganz gewiss, ja Er getraue sich es zu versichern, dass Bayern eines von den ersten seyn werde, welches sich zu den übrigen Craissen, die zu Beschützung der Ruhe in Teutschland unitis viribus sich verbänden, ... also . . dem Churfürsten einigermassen an Hand . . . . wolten, weilen derselbige im Anfang und bey abandonirung der franz. Parthie nicht im Stande seyn möchte, seine Trouppen mobile zu machen. Nachhero stellte mir Herr FeldMarchall mit vielen Umständen (die Ew. Hochfürstl. Durchlaucht alle vorhero schon gndst. bekannt sind) vor, wie die höchste Nothwendigkeit erfordere, wegen Philippsburg in Zeiten Vorsehung zu thun, damit es nicht in franz. Hände verfiele. Er erkannte, dass Schwaben hiebey aigentlich keine specielle Obliegenheit hätte; meinte aber doch, dass in frangenti wie Ein jeder also insonderheit die nechstgelegene Reichsstände verbunden wären, zu des Reichs Sicherheit und Conservation schleunige Rettung und Hülffe zu leisten. Er habe desswegen allbereits an das Reich, dessen Vicarios, und ChurMaintz, ingleichen an Bamberg und Anspach seine Vorstellungen auff das nachdrücklichste gethan, wolle auch morgen solches bey Anspach widerholen, und sonderlich darauff insistiren, dass dieser Hoff sich ohne Zeitverlust mit dem Schwäb. Craiss in ein engeres Concert über die zu nehmen seyende mesures vor gegenwärtige schnelle Läuffen einlassen möchte. Die in Philippsburg liegende 200—300 Mann bayr. Trouppen würden nichts hindern, indem selbige nach älteren Vorgängen biss auff erfolgende Kayssers Wahl als Kaysrl. und ReichsTrouppen zu consideriren, und nach jener Erfolg erst ausziehen dörfften. Die Ordre seye von Ihm bereits gestellt, dass der dermahlige Commendant, auf dessen Treue Er sich vertrauen könne, keine Trouppes ohne sein Hr. FeldMarchalls specielle Verfügung eingelassen werden sollen etc. (sic.)

In Ansehung der künfftigen Kayssers Wahl will Er der Meinung seyn, dass Bavari dermahlen den appetit zur Crone zimlich verlohren; der Grossherzog von Toscana alss ein Extraneus dazu nicht asperiren könne; der König von Pohlen aber die gröste Hoffnung . . . . villeicht den Churfürsten von Bayern zum röm. König mit erwehlen dörffte, wann zumalen die auff dem Tapis seyende gedoppelte mariage zwischen Dressdener und Münchner höffen, die schon zimlich weit avanciret, zu Stande kommen würde.

Endlich recommandirte Er auffs äusserste, dass man abseiten des Schwäbischen Craises sich von seiner Neutralitet ja durch keinerley propositionen, woher sie auch kämen, vertreiben lassen sollte, in Ansehung die von Aenderung des systematis entstehende Schaden und Gefahr gewiss, aller hoffende und vorspiegelnde Vortheil aber ungewiss und betrüglich seye. Er habe in den letzten mit dem Chavigny gehabten Unterredungen diesem zu Gemüthe geführt und begreifflich gemacht, wie Frankreich durch seine continuirende Bedrückungen sich selbst den grösten Nachtheil bringe, die Craisse gegen sich verbittere und revoltiren mache, und woferne sie nicht ohnverzüglich zur Bezahlung Anstalt und mit Bezahlung Einer paar Millionen den Anfang machten, sie sich selbsten auffs äusserste exponiren und dem Kaysser den grösten Tort thun würden; Chavigny habe es auch ganz wohl begriffen und durch einen eigenen Courier dessHalb an seinem Hoff Instanz gemacht. etc.

Dieses nun gnädigster Fürst und Herr sind die Aeusserungen, welche mir der Hr. Feld-Marchall gethan, nicht zwar eben der Ordnung nach, wie solche hier unterthänigst angeführt, sondern wie Sie in den Discoursen ohngefähr gefolget. Morgen, da ich mit Ihme speissen solle, werde ich villeicht in ein und andern noch mehreres vernehmen. Ich erwarte in unterthänigstem Respecte, was Ewer hochfürstl. Durchlaucht mir etwa gnädigst zu befehlen geruhen wollen, regulire immittelst meine geringe privat Angelegenheiten und verharre in tiefster devotion

Ewer hochfürstl. Durchlaucht
undertthänigst treu gehorsamster Knecht
Georgii.

Augspurg den 1. Februar 1745.
Nachts um 8 Uhr.

Gnädigster Fürst und Herr.

Ich hätte nicht ermanglet von den Substantialibus dieser unterthänigsten Relation dem Geheimenrath von Koller Nachricht zu geben, wann nicht von dem Postamt Donauwörth die Warnung anhero geschehen wäre, dass die Posten wegen der in dasiger Gegend häuffig herumstreifenden Oesterreichischen Husaren höchst unsicher seyen, desswegen dann auch der Postwagen nacher Nürnberg abzugehen würklich ab- und eingestellt worden.

Bei solcher Unsicherheit habe ich mir nicht getrauet, dahin etwas lauffen zu lassen, und muss mithin Ewer hochfürstl. Durchlaucht gnädigstem Gutfinden unterthänigst anheimstellen, ob Höchstdieselbe von dem Innhalt dieses unterthänigsten Berichts von dorten aus das Nöthige communiciren zu lassen gnädigst geruhen wolle.

Ut in Relat: hum.

P. M.

Wann etwan einig gnädigstes Rescript oder Antwortt an mich zu erlassen resolviret würde, so wolte solches an Hr. Rath und Resident Gullmann under dessen Couvert lauffen zu lassen, bitten etc. etc.

Durchlauchtigster Herzog,

Gnädigster Fürst und Herr!

Alss ich gestern den Herrn Feld-Marchall besuchte, so sagte Er mir, dass Er frische Brieffe von München von vertrauter Hand bekommen, dass man alldorten noch lauter Gedanken des Friedens habe, und dass Er noch immer hoffe, dass man in solchen Sentiments ferme bleiben werde, obgleich der Churfürst sich so geschwind nicht lossreissen könne, sondern um seiner innern Umstände willen einige Wochen werde zurückhalten müssen. Herr General-Feld-Marchall erwarttet fast täglich Brieffe vom Dressdener Hoff, welchen Er vor den einzigen hält, durch welchen das Fridens-Geschäfft am sichersten werde incaminirt werden können. Herr von Raab ist noch nicht wieder zurück. —

Beyligende 2 Piecen sind mir von gedachtem Herrn Feld-Marchall gestern communicirt worden, Er hat solche tags vorher von Herrn Grav Töring erhalten. —

Vergangene Nacht ist der Geheime Rath und Erb-Ober-Stall-Meister hier angekommen; den ich aber vor Abgang der Post, so diessen Morgen zeitlich ablaufft, noch nicht sprechen können. —

Meine vom 1. hujus erstattete unterthänigste Relation wird verhoffentlich wohl eingeloffen seyn.

Womit in profondestem Respect verharre

Ewer Hoch-Fürstlichen Durchlaucht

Underthänigst treugehorsamster Diener.

Georgii.

Augspurg den 3. Februar 1745.

Die Posten auff Nürnberg sind noch immer sehr unsicher und geht dato nichts dahin.

Durchlauchtigster Herzog,

Gnädigster Fürst und Herr!

Diessen Abend fande die Gelegenheit, den Herrn Feld-Marchall Grafen von Seckendorff bei dem Geheimen Rath und Erb-Ober-Stallmeister Baron Röder zu sprechen, der Unss Beeden dann im Vertrauen eröffnet, dass Er heute Brieffe von Dressden erhalten, nach welchen Ihre Majestät der König in Pohlen den 26. pr. allda angelanget, und die wegen des von weyland Kayserlicher Mayestät suchenden Fridens gethane Vorschläge mit dem grösten Vergnügen angehöret, und sich ganz bereitwillig erkläret haben, alles anzuwenden, um den Wienerischen Hoff zu gleichmässigen Gedanken zu bewegen; anbenebst dem allhier sich befindlichen, hiebevor in Sächssischen Diensten gestandenen, titular Reichshoff-Rath von Schnurrbein auffgegeben hätten, sich sogleich nacher München zu verfügen, um so lang à portée zu seyn, biss Seine Kaiserliche Mayestät einen andern Ministre dahin schicken könten; dass also die gröste Hoffnung vorhanden dass durch die Kaiserlich-Polnische Mediation der Friden hienechst erlangt, der jetzige Chur-Fürst in Bayern auch in die Sentiments seines höchstseligen Herrn Vatters entriren werde. —

Die Holländer haben nach oben diessen Brieffen 10 m. Mann von denen Sachssen begehret, diesse aber solche und desswillen refusiret, weil Sie Ihre Trouppen zu Bedeckung Ihrer aigenen Landen höchstnöthig hätten. —

Sonsten hatt der Herr Feld-Marchall gegen dem Geheimen-Rath und Erb-Ober-Stallmeister all dasjenige widerhohlet, was ich in meiner Ersten unterthänigsten Relation Ewrer Hoch-Fürstlichen Durchlaucht zu berichten die Gnade gehabt, Sich aber auch dahin weiters geäussert, dass bey nähern aspecten zum Friden es gar leicht dahin einzuleithen stünde, dass die Oesterreicher und Bayern die Vöstung Ingolstatt mit neutralen Craiss-Trouppen zu beeder hoher Theile Sicherheit besetzen lassen solten; der Chur-Fürst selbst auch hernach von seinen aigenen Trouppen zu anderen Fürsten und Ständen ihrigen stossen liesse, und mit solchen das Teutsche Reich contra quoscunque, währenden interregni zu beschützen; von welch letztern allbereits in gedachter vorigen unterthänigsten relation Anregung gethan habe. —

Wir haben beede geglaubt, dass diesse Umstände so wichtig, dass Sie gegenwärtige Estaffette wohl meritire. Mich damit zu Hoch-Fürstlichen Hulden und Gnaden unterthänigst empfehlend verharre in tiefster devotion

Ewrer Hoch-Fürstlichen Durchlaucht

Underthänigst treu gehorsamster Diener.

Georgii.

Augspurg den 3. Februar 1745.

Herr Feld-Marchall recommendirt das Secretum vom Sächssischen und Bambergischen Hoff auff das nachdrucklichste.

Durchlauchtigster Herzog,

Gnädigster Fürst und Herr!

Gestern erhielte Herr Feld-Marchall Brieffe von dem Hessischen General Donepp, darinnen diesser meldete, dass der Preussische Courier vor einigen tagen auch wieder zurück gekommen, und die Versicherung mitgebracht habe, dass Ihre Mayestät der König in allen seinen Engagements ohnverruckt beharren, und fernerhin wie bisshero das Churhauss Bayern in dessen Praetentionen gegen die Königin von Ungarn mit all seiner Macht understützen wolle. — Episcopus Bambergensis klagt in seinen an Herrn Feld-Marchall erlassenen Schreiben gar sehr über die Uneinigkeit im Fränkischen Craiss, und dass man Sich allda mit Kleinigkeiten amusire, das grosse Hauptwerk aber darüber versäume. Herr Raab ist von Bayern nebst dem im Haag bissher gestandenen Graven von Sinssheim ernannt, alss Gesandte auff den Wahltag zu gehen. Scheinet also nicht, dass Er in der Fridensnegociation weiters solle gebraucht werden. —

Von Dressden sind seit meiner letzten unterthänigsten Relation wider Brieffe eingelauffen, dass man allda in denen Fridens-Gedanken beharre, und mit Ernst darauff zu negociren angefangen habe. Zur Kaysor-Crone aber bezeugt man wenig Lust zu haben. —

Allhier sind wider grosse Summen Geltts auss Frankreich angelangt, welche nach München bezahlt worden. Dass die Oesterreichischen Trouppen in der Obern Pfalz Sich zusammenziehen, und Ein theil derselben wider nach Böhmen marchiren, wird von verschidenen Orten her alss zuverlässig berichtet: ingleichen, dass diesse Völcker überauss grosse Exactiones in diessen Landen machen, und wo Sie nicht eingiengen mit Feür und Verheerung droheten. —

Ich gedenke, wofern Ewer Hoch-Fürstliche Durchlaucht nicht anderst gnädigst befehlen, künfftigen Montag g: g: wider von hier abzugehen, indeme ich nicht sehe, dass ich was sonderlichs weiters thun könne.

Mich damit zu Hoch-Fürstlichen Hulden und Gnaden tieffnidrigst empfehlend verharre in provondesten Respect

Ewer Hoch-Fürstlichen Durchlaucht

Augspurg den 10. Februar 1745.

Underthänigst-Verpflicht Gehorsamster Diener.

Georgii.

Durchlauchtigster Herzog,

Gnädigster Fürst und Herr!

Heute mittag nach dem Essen wiesse mir Herr Feld-Marchall seine heut erhaltene Brieffe von Dressden, darinnen underm 3.. huius Ihme gemeldet, dass den 3. der Grav von Loos von dar ab nacher Wien geschickt wurde, um solchen Hoff zu Annehmung der Friedens-Vorschläge zu disponiren; und wie man nicht zweiffle, dass Er Gehör finden werde, so solle Er also fort nacher München gehen, um in der grösten Geheim bey dem Chur-Fürsten das weitere zu incaminiren. — Vergangene nacht ist Herr von Raab hier angekommen, und noch bey Herrn Feld-Marchall gewesen. Er hatt, ohne dass es ein Mensch in München weisst, von dem Chur-Fürsten Brieff, den Er à la derobée geschrieben, an Bischoff von Bamberg mitbekommen, darinn diesser ersucht wird, in den bissherigen Unterhandlungen mit dem Wienerischen Hoff fortzufahren; gleich Er auch nomine Electoris den Herrn Feld-Marchall bitten müssen, in der angefangenen Correspondenz mit dem Sachssischen Hoff und dem Bischoff von Bamberg über dieses Sujet zu continuiren. Denn von Raab gehet von Bamberg auff Mannheim, um, wie Er sagt, den Chur-Fürsten zu Annahm der alternatio mit dem Vicariat und zwar dass Bayern jetzo den Anfang mache, zu disponiren. — Auss einem andern um 3 Uhr diesses nachmittags von dem Feld-Marchall Töring empfangenen Schreiben, liesse mich Herr G. v. S. zwei passus lessen, deren der Erstere enthielte: dass Mr. Chavigny nunmehr disponirt seye und Anstalt vorkehre, mit Bezahlung des Schwäbischen Craisses den Anfang zu machen, damit das bissherige Geschrey einmahl auffhören möge. In dem zweyten stunde, dass man mit Pfalz wegen der alternatio nunmehro vollkommen verstanden, und man in München mit Eröffnung des Vicariats ehester tagen fürgehen werde. Diesses letztere contradicirt obigem in etwas; Es muss sich aber in Ein paar tag zeigen. —

Der hiessige Canonicus Grav von Ostein communicirte heute Herrn Feld-Marchall die von Mainz erhaltene Nachricht, nach welcher der Chur-Fürst der

Gedanken ist, mit der Kayssers-Wahl so lang nicht fürzugehen, biss der Frido und Ruhe wider hergestellt," und alle frembde Trouppen den deutschen Boden verlassen. Andere wollen davor halten, dass Ein paar millions a den Chur-Fürsten leicht auff andere Gedanken bringen dörfften, gestalten Er und seine Famille nach solchen die Hände begierigst ausstrecken würden. —

Herr Feld-Marchall lässt um alles bitten, obige Nachrichten wegen der auff der Tapise seyenden Negociation auffs äusserste zu menagiren; Er gedenckt so bald von hier wegzugehen, alss Er seinen Pass von der Ungarischen Generalitet erhalten, bittet dahero auch um die Ueberschickung der Marche-Route vor seine Equipage durch den schwäbischen Craiss.

Womit in profondestem Respect ersterbe

Ewer Hoch-Fürstlichen Durchlaucht

Augspurg den 10. Februar 1745.

Underthänigst Trew Gehorsamster Diener.
Georgii.

Durchlauchtigster Herzog,

Gnädigster Fürst und Herr!

Herr Feld-Marchall Töring schreibt an allhiesigen Herr G. v. S. under'm 12., dass es nunmehro seine Richtigkeit habe, dass der M. de Putange mit seinen Trouppen biss den 1. Marty bey Wembdingen und Monheim eintreffen werde: wie dann auch alle in Bayern ligende teutsch und Französische Regimenter biss medio dicti mensis ins Feld zu rucken parat seyn sollen. Der Chur-Pfälzische General Zastrow hatt difficultet gemacht, die under seinem Commando habende Trouppen nach dem Tode des Kayssers agiren zu lassen. Seit etlichen Tagen aber hatt Er von seinem Hoff die ernstliche Ordre, in allem nach wie vor mit den Chur-Bayerischen und Französischen de concert zu gehen. So rühmt man auch an dem Münchner Hoff gar sehr, mit was guter Manier der Chur-Fürst von Pfalz in das Ansuchen wegen des Reichs-Vicariats gewilliget, und Sich offeriret habe, fernershin in allem nach den bissherigen Maassregeln zu Understützung der Churbayerischen Praetensionen nach allen Kräfften zu concurriren. —

Der Chur-Fürst von Cölln hatt Seinen Herrn Nevou nicht allein seines Voti bey künfftiger Kayssorswahl, sondern auch, dass Er Ihne hiernächstens besuchen werde, auff das obligeanteste versichert. —

Auss diessem ist ersichtlich, wessen man Sich in andern Dingen zu diessem Chur-Fürsten zu versehen. —

Herr General Feld-Marchall v. S. wird sehr sollicitirt, dass Er nach München kommen solle. Er bezeugt aber dazu gar keinen Lust; ohnerachtet Er sonsten noch, soviel das militare anlangt, mit consiliis an Hand gehet. Durch den General Ginckel sind Ihme die Holländische Dienste anerbotten worden, die Er aber refusiret. —

Von Anspach hat man gedachtem Herrn Feld-Marchall geschrieben, dass Sie bereit wären, mit dem Schwäbischen Craiss je ehender je lieber in Conferenz zu tretten. Und dieses ists so viel ich dermahlen underthänigst zu berichten im Stande bin. —

Ewer Hoch-Fürstlichen Durchlaucht gnädigste Rescripta vom 9. und 12. huius habe in underthänigstem Respect wohl erhalten. Ich wäre nach dem erstern bereits heute wider von hier abgereisst, werde mich aber zu underthänigster Befolgung des zweytern noch länger hier arretiren, und die gnädigste Intention nach Möglichkeit zu erfüllen trachten, wiewohl solches in die Länge ohnmöglich ohne verursachendes Auffsehen werde thun können, gestalten der Praetext meines Hierseyns, den ich ohnehin länger, alss es nöthig gewesen, trainirt, auffhöret: Herr Feld-Marchall auch mir schon zerschidentlich zu erkennen gegeben, wie genau Er von allen Orten observiret werde. Dahero ich auch besorge, es möchte Derselbe bey wahrnehmung, dass ich bloss um seinetwillen hier wäre, seine Confidenz gegen mir zuruckziehen, und mein längerer Auffenthalt ohnnutz werden. Doch werde ich trachten, wie ich etwa diesse Woche noch unter allerhand scheinbaren Vorwänden mich hier durchbringen könne. Es ist ihme Herrn Feld-Marchall abgewichene Woche ein in chiffres gestellter nach Wien an einen guten Freund gestellter Brieff intercipirt, und nach Wien geschickt worden. Er war in Willens die Chiffre nachzuschicken, um zu zeigen, dass nichts gefährliches darinnen enthalten, man vielmehr vor seine darinn geäusserte Sentiments ihm obligation haben solte.

Wormit zu beharrlichen Hulden und Gnaden mich underthänigst empfehle und in tieffstem Respect verharre

Ewer Hoch-Fürstlichen Durchlaucht

Augspurg den 15. Februar 1745.

Underthänigst-gehorsamster Diener.
Georgii.

P. S. Auch Gnädigster Fürst und Herr!

Nach Schluss dieses komt jemand von dem Reichss-Hoff-Rath zu mir, welcher mir auss einem von Stuttgartt erhaltenen Brieff vorliesst, dass ich Befehl bekommen, noch länger hier zu bleiben. Da nun dieses allhier bekannt wird, so werden Ewer Hoch-Fürstliche Durchlaucht von selbsten gnädigst ermessen, dass solches zu allerhand raisonnements und Verdacht Anlass geben, mithin mich hier bald ohnnutz machen werde etc. ut in Rel. hum. etc.

Durchlauchtigster Herzog.
Gnädigster Fürst und Herr!

Da seiter meiner letztern underm 15. huius erstatteten underthänigsten Relation nichts besonders vorgefallen, so habe ich die Gnade, Ewer Hoch-Fürstlichen Durchlaucht diessmahl nur so viel underthänigst zu berichten, dass ich gestern einen Brieff von dem Graven von Brühl gelessen, darinnen dieser widerhohlte Versicherung giebet, dass Sein König alles anwenden werde, um den Wienerischen und Bayrischen Höffe mit einander zu vergleichen, desshalb auch bereits die nachdrucklichsten Vorstellungen bey dem Erstern gemacht habe; und zweiffle Er nicht, dass man Chur-Bayrischer Seits ebenmässig die Hände dazu biethen werde. —

So sehr Töring und Chavigny sich bemühen und mit einander verbunden haben, den jungen Chur-Fürsten in den bissherigen schädlichen Weegen zu behalten, so starck bearbeitet sich hingegen die Kaysserliche Frau Mutter, Ihne darauss zu reissen und losszuwickeln: inmassen Dieselbe mit der teütschen Parthie alles anwendet, um Friden zu erhalten; der Grav Loos wird alle Tage in München mit gröstem Verlangen erwartet, und flattirt man sich in kurzem was Vergnügliches zu vernehmen.

Herr Feld-Marchall hatt nunmehr seine Pässe von der Königlich Ungarischen Generalitet erhalten, und wird dahero in kurzem von hier abgehen. Um desswillen und dazumahlen hier wenig mehr zu erfahren stehet, folglich auch mein längeres Auwessen ganz ohnnutzlich wäre, gedenke ich biss morgen oder übermorgen mich wider auff den Ruckweg zu begeben, der ich zu Hoch-Fürstlichen Hulden und Gnaden mich tieffniedrigst empfehle und in provondestem Respect verharre

Ewer Hoch-Fürstlichen Durchlaucht

Augspurg, den 19. Februar 1745.

Underthänigst treu gehorsamster Diener.

Georgii.

Durchlauchtigster Herzog,

Gnädigster Fürst und Herr!

Nachdeme ich gestern Abends allhier angekommen, und heute Vor- und nachmittag den Herrn Feld-Marchallen Graven von Seckendorff zu sprechen die Gelegenheit hatte, so vernahme von Ihme so viel: dass der Prinz Carl von Lothringen zu Aussgang vorigen Monats einen jungen in Oesterreichischen Diensten stehenden Capitain Baron de Seckendorff mit der Commission nacher Anspach an dortigen Praesidenten geschickt, diessen zu sondiren, ob nicht der junge Chur-Fürst in Bayern zu Eingehung eines accommodement mit dem Wienerischen Hoff zu disponiren seyn möchte, und was man allenfalss hierzu vor einen Weeg vorschlagen könne, um die Sach ohnmittelbarer Weisse, ohne Zuthun des Chur-Sächssischen Hoffes, zu tractiren, um zu einem geschwinden Schluss zu gelangen. Um diesser Sach willen sey gedachter Herr Praesident mit ermeldtem sein des Herrn Feld-Marchallen Neveu den 27. ganz ohnvermuthet anhero gekommen, und habe Ihme obgedachte seine auffhabende Commission eröffnet; Er Herr Feld-Marchall aber darauff sogleich einen Courier an der verwittibten Kaysserin Majestät und den Chur-Fürsten mit diesser Ouverture abgeschickt, und gefolgten Tags darauff die Erklärung erhalten, dass man nicht allein darzu geneigt, und die Hände zum Frieden zu biethen berait wäre, sondern auch den Fürsten von Fürstenberg den Aufftrag thun wolte, sich mit denjenigen, welcher von der Königin Majestät darzu würde erneunet worden, in Geheim an Ortt und Stelle, wo es beliebig, und worzu man allenfallss Augspurg vorschlage, zu besprechen, und mit nöthiger Vollmacht und Instruction zu versehen. Mit sothaner Erklärung seye der Hauptmann von Seckendorff gleichbalden wider auff Wien abgereisst, und nachdeme selbiger kaum 12 Stunden sich in Wien auffgehalten, den 9. huius in Anspach mit der Antwortt retournirt, dass Ihro Majestät die Königin mit diesser declaration vollkommen satisfait, Ihro die Persohn des Herrn Fürsten von Fürstenberg ganz anständig seye, und Sie sogleich den Graven Collorodo nacher Innspruck abschicken wolle, um

Sich von dar hiehero zu begeben, und das Weitere zu verabreden; gestalten dann diesser mit aller nöthigen Vollmacht und Instruction also versehen werden solle, dass man auff die von der Königin wegen zu thun habende ohnzweiffentlich anständige propositionen in 24 Stunden mit einander übereins- und zu einem gedeylichen Schluss kommen, und den Tractat signiren könne. Da nun diesse zweite declaration dem Churbayrischen Hoff ganz angenehm gewessen, und die Königin noch weitere Anregung thun lassen, dass Sie in des Herrn Feld-Marchallen Persohn ein vollkommenes Vertrauen setzte, und dahero gern sähete, dass Er mit zu denen Conferenzien käme, hingegen alles vor dem Feld-Marchall Töring äusserst secretirt würde; so seye, dazumahlen diesser ohnehin von deme, was seit des Kayssers Tod von dem Fridens-Werk hin und her tractirt, nicht das mindeste wisse, der Fürst von Fürstenberg hiehero gekommen, und habe Sich mit Ihme Herrn Feld-Marchall wegen der zu entwerffen seyenden Instruction verabredet: bey welcher Er Herr Feld-Marchall sonderheitlich darauff insistiret, dass man den König in Preussen mit in den Frieden einschliessen solle, alss ohne welchen sonst nichts gedeyliches vor die Ruhe in Teutschland herausskommen, der Chur-Fürst auch selbsten wegen der diessem König habenden grossen Obligation nicht wohl füglich Sich von der subsistirenden Alliance lossagen könne; welches dann auch also in die Instruction mit eingebracht worden seye. Hierauff seye nun auch der Grav Colloredo würklich in Innspruck angelangt, habe Ihme solches notificirt, und ersucht, von Mr. Chavigny sowohl als dem Feld-Marchall Töring Passeports ausszuwürken, zu gleicher Zeit seye der Fürst von Fürstenberg hier auch wider eingetroffen, um jenen zu erwartten, habe auch den andern Tag nach seiner Ankunfft das Podagra simulirt, und under diessem Praetext ein paar Tage stille gelegen, biss endlich vorigen Donnerstag die Antwortt von München gekommen, dass Mr. Chavigny keinen Passeport ertheilen wolle, Töring aber davor halte, dass ein von Ihm allein aussgestellter von den Franzosen nicht respectirt werden dörffte; da dann der Fürst von Fürstenberg sich gleichbalden mit dem Verlass nacher München zuruckbegeben, dass Grav Colloredo nacher Nürnberg (alss wohin Er ohne Passeport sicher kommen könne) gehen, man in dortiger Nachbarschafft einen locum tertium zur Zusammenkunfft aussfindig machen, und sodann sobald alss immer möglich zusamen kommen solle. Desswegen Er Herr Feld-Marchall einen expressen nach Anspach geschickt, um Einen Vorschlag zu einem bequemen Conferenz-Ort vorzuschlagen, welchen Er anjetzo stündlich zurück erwartte. —

Diesse allhier zu halten vorgehabte Conferenz nun seye die Ursach gewessen, warum Er Herr Feld-Marchall sehr gewünscht, dass ich anhero kommen möchte, um bey der Hand zu seyn, wann allenfallss die Sach geschähete, Ewer Hoch-Fürstlichen Durchlaucht underthänigst benachrichtigen, und mit Höchst-Denenselben Ein und das Andere gleichbalden concertiren zu können. Bedaure mithin, dass in sofern die Sachen sich ratione loci geändert, da die Haupt-Sache selbst gleichwohlen noch vor sich gienge, nur dass hernach die vertrauliche Eröffnung nicht so leicht geschehen könne. —

Ausser diessem habe ich sonsten im vertraulichen discurs vernommen, dass Engel- und Holland vollkommen zufriden, dass die Königin mit Chur-Bayern sich particulariter vergleiche; dass Holland bereits ansehnliche Summen hier berait halten wolle, um Bayern zu subveniren; dass die Königin von dem vorhabenden Fridens-Werk dem Chur-Fürsten von Mainz vertrauliche aperture gethan, und diesser seinem zu München habenden Ministro von Kesselstatt Copias von dem Königlichen Schreiben mit dem Befehl zugeschickt habe, um die Sach bei dem Chur-Fürsten nach allen Kräften zu understützen; dass die Königin schlechterdings keine mediation, noch weitere Underhandlung weder von Sachssen, noch Bamberg, noch sonsten verlange, sondern alles allein zwischen obigen 3 Persohnen, nehmlich dem Graven Colloredo, Fürsten von Fürstenberg und Graven Seckendorff aussgemacht wissen wolle; dass der Prinz Carl wissen lassen, dass zwar die operationes vor sich dem Schein nach gehen sollen, so doch, dass man alle Moment auffhören könne, sobald alss Nachricht von Colloredo einlauffen werde; Wegen der Kayserswahl will Er positivè wissen, dass die Königin nicht sonderlich inclinire, die Crone auff das Haupt Ihres Herrn Gemahls zu bringen, Sich vielmehr begnügen dörffte, wann Sie nur das böhmische Votum wider in die activitet brächte; Sachssen hingegen Sich nicht waigern werde, zum Besten der Ruhe in Teutschland die Crone anzunehmen, welches der Königin desto angenehmer seyn würde, alss zu dieses Kayssers Lebzeiten Ihr ältester Prinz zu denen Jahren komme, da Er nach jenes Ableben zur Succession keine Hindernuss mehr finden werde. Dass aber Bayern dem Gross-Herzog von Toscana das Votum solle versprochen haben, seye ganz ohne Grund etc. —

Welch alles dann hiemit underthänigst pflichtgehorsamst berichten und noch beyfügen sollen, dass ich bey solchen Umständen nicht finde, dass mich hier lange auffhalten darffe, sondern sobald alss wegen der grossen Wasser wiederum fortzukommen, indeme selbige gestern kaum mit grösster Gefahr passiren können, dato aber noch anwachssen, ich mich auff den Ruckweg begeben werde. Mich damit zu beharrlichen Hulden und Gnaden underthänigst empfehlend, verharre in profondestem Respect

Ewer Hoch-Fürstlichen Durchlaucht

Augspurg den 20. Marty 1745.

Underthänigst treu gehorsamster Diener.

Georgii.

Durchlauchtigster Hertzog,

Gnädigster Fürst und Herr!

Ich habe die Gnade, Euer Hochfürstlichen Durchlaucht in Unterthänigkeit zu berichten, dass ich gestern um 3 Uhr Nachmittags allhier angekommen, den Herrn FeldMarschall aber noch nicht angetroffen. Dieser ist heute früh um 6 Uhr erst wider angelangt, und da dissen nehmlichen Vormittag um 8 Uhr Seine Churfürstliche Durchlaucht mit dem Hertzog Clemens ebenfallss angekommen; So konnte ich nicht ehender die Gelegenheit haben den Herrn FeldMarchall alss biss heutt Mittage zu sprechen. Von demselbigen nun vernahme ich im Vertrauen, was gestalten bey dem zu Füssen vorgewessten Congress Oesterreichischer seits solche exorbitante Forderungen gemacht worden, dass man ohnmöglich zu einem Schluss noch zur Zeith gelangen können.

Sothane praetensionen bestehen in folgendem:

1. dass der Churfürst schlechterdings und ohne einig weitere Aufforderung noch reservation zu machen auf alle seine Ansprüche auf Ewig renunciren: Hingegen die sanctionem pragmaticam aufs neue widerum annehmen und bekräfftigen:
2. das votum Bohemicum in seine Activitaet bringen helffen:
3. Sein votum bey der Kayssers Wahl dem Grosshertzog von Toscana geben:
4. die von den Franzosen occupirte VorderOesterreichische Lande wiederum einräumen- und biss solches geschehen, den district am Salza und Innfluss (sic) an den Oesterreichern einräumen.
5. Sich von der französischen Alliance völlig loss sagen, dargegen mit denen 5 associrten Crayssen vereinigen, und sofortt auf Frankreich losszugehen helffen sollo, vor welch alles Oesterreich
6. hinwiderum dem Churfürsten Seine Erblanden ausser Ingolstatt, als welches biss zu accomplirung der stipulirenden conditionen in Oesterreichischen Händen verbleiben sollo, restituiren.

7. Die Artillerie so aus Bayern innsonderheit aus Ingolstatt ehemals geführt worden, anderster nicht als gegen gleichmässiger restitution der von Freyburg weggeführten oesterreichischen Artillerie wider hergeben, darbey aber
8. dem Churfürsten auf einige Zeit von Engelland unter obigen conditionen subsidien verschaffen will.

Ob nun zwar der Churfürst sich zu der erstern condition um so ehender zu verstehen resolvirt alss dessen weyl. Herr Vatter sich zu solcher obenmässig bequemet hatte, so schiene Ihme doch die zweyte und dritte desto härtter, und da Er bey der vierten die wider occupirung der vorderOesterreichischen Landen weder hindern kann noch will, so bedunckt Ihn jedoch disser beyannectirten condition allzu hartt. Gleichergestalten Er dann auch sich von Frankreich lossmachen — hingegen in anderweittige Bündnuss sich gegen diese Crone nicht einlassen will, es wäre dann, dass das gesammte Reich, etwas entschliessen sollte, als welchenfallss Er sich nicht zu separiren gemeint seye. Eben so hartt bedünckt Ihne auch die Sechste condition, und die Siebende enthielte eine blosse Unmöglichkeit auf seitten dess Churfürsten, inmasen es in seinen Mächten nicht stände, die von Frankreich weggeführte Artillerie wider herbei zu schaffen.

Da nun obbesagte conditionen ziemlich hart, so solle dagegen der Graff Looss nahmens seines Königs, versichert haben, dass wann der Churfürst auf seine praetension renunciren würde, der König sein Herr sodann dem Churfürsten ohne weitere beschwerlichere conditionen den Frieden verschaffen wolle. Und in dissen Umständen beruhet dermalen die ganze Sache, da zwar der Graf Colloredo, und Fürst von Fürstenberg noch in Füessen beysamen, und der erstere heutte um 8. Uhr erst seinen courier von Füessen aus, nacher Wien abgesandt hatt, auf dessen Zurückkunft es nunmehro ankommt, ob an dem Wienerischen Hof auf die Churfürstl. Seits gemachte Vorstellungen einige attention gemacht werden wolle oder nicht? Inndessen seynd der Churfürst mit einer mediocren Suite allhier logiren, im Fuggerischen Hauss und haben 24. von Hatschier Gardes bey sich. Es wird zwar überall auch an dem Hof selbsten ausgegeben, als wann solcher weitters und nacher Mannheim gehen wolle, Er hat sich aber heutte nach seiner Ankunft gegen dem FeldMarchall declarirt, dass Er nicht weitters, am allerwenigsten aber nach Frankhreich sich begeben werde, sondern hier bleiben und die Endschafft der Sachen abwartten wolle. Wie dann Herr FeldMarchall mir ferneres im höchsten Vertrauen zu verstehen gegeben, dass so hart die von Oesterreich vorschreibende conditiones lautteten, so wäre jedoch am Ende der Churfürst genöthigt, alles einzugehen, gestalten Er sich von nirgendsher einige Rettung noch Hülfe zu getrösten habe.

Die bayerische Armee stehet nunmehro bey Dachau, und da Sie auch dortten keinen langen halt machen können, so solle die Resolution bereits gefasst seyn, sich völlig heraus und biss nach Friedberg zu ziehen, worbey dann das momentoseste ist, dass als der französische Ministre und der General Montaigne von diesem Vorhaben sich zu reteriren Nachricht bekommen, dieselbige sich verlautten lassen, dass bei so bewandten Umständen man sich ohnverzüglich von Ulm und Mainz bemeistern müsse. Dahero dann auch der Herr FeldMarchall mir es zu dem Ende anvertrauet, dass Euer Hochfürstl. Durchlaucht hierunder in der Eyl unterthänigst avertiren solle, damit man wegen Ulm besonders wegen schleunigster Verstärkung der Garnison seine behörige praecautiones nehmen möchte. Er will zwar nicht glauben, dass es zu einer förmlichen attaque von diesem Orth kommen möchte gleichwohl aber darvor halten, dass die Franzosen alles versuchen würden, um etwa den Ort zu überrumpeln.

Diesses ist auch die Ursache warum ich in der stille einen vertrauten domestiquen mit dieser unterth. relation expedirt, um Ewer Hochfürstl. Durchlaucht von allem disem die unterthänigste Nachricht zu ertheilen und zugleich durch ebendenselben Höchstdero gnädigsten Befehl zu meinem unterthänigsten Verhalt, gehorsamst auszubitten, ob ich bey solchen Umständen noch länger und etwan biss auf die Zurückkunft des nacher Wien gegangenen Couriers mich allhier aufhalten solle.

Von einigem Verglich mit Preussen will man Oesterreichischer seits nichts hören, da zumalen Sie dem General la Motte in Schlesien einen glücklichen Straich beygebracht haben sollen. Gleichwohlen glaubt der FeldMarchall, dass nach Seinen aus Sachsen habenden frischen Briefen die Friedensnegociation mit Preussen auf guthem Fuess seye.

Die französische Trouppen stehen längst der Donau heraufwärts biss gegen Donauwerth, allwo sie ein Magazin errichten.

Von der schlechten Anstalt in Bayern, dem üblen Verhalt der Officiers, und dem Tagtäglichen Verlust, so Sie von den Oesterreichern leiden, können alle diejenige die von der bayerischen Armée kommen und deren ich heutte ettliche gesprochen, nicht Worte genug machen. Die am Kuhrbayerischen Hofe subsistirende fremde Ministri werden heutte und Morgen alle hier erwarttet. Was ich inzwischen von Tag zu Tag in zuverlässige Erfahrung bringe, das ermangle ich nicht, Euer Hochfürstl. Durchlaucht in Unterthänigkeit zu berichten: der ich mich inmittelst zu beharrlichen Hulden und Gnaden unterthänigst empfele und tiefster devotion verharre.

Augspurg den 15. April 1745.

Ew. Hochfürstl. Durchlaucht
unterthänigst treu gehorsamster Diener
Georgii.

Durchlauchtigster Herzog,

Gnädigster Fürst und Herr.

In Verfolg Meiner vorgestrigen unterthänigsten Erstern relation soll ich Euer Hochfürstl. Durchlaucht ferners unterthänigst berichten, dass gestern allhier die Nachricht eingelofen, dass den 15.ten hujus nachmittags die Bayrisch alliirte von denen Oesterreichern abermahlen und zwar bei Pfaffenhofen angegriffen und sehr übel zugericht worden seyen. Es sind die Erzehlungen von der vorgelofenen Action so unterschidlich, dass es noch eine ohnmöglichkeit gewesen, ein sicheres Factum daraus zu ziehen: Darinnen aber kommen alle überein, dass es ein grosser echec und der Verlust bey denen Französischen Trouppen am stärksten seye. Der bekannte gute Freund hat mir versprochen, so bald Er die aigentlichen Umstände erfahren werde, mir solche zu communiciren. Eben derselbige hält davor, dass bey so bewandten Umständen die Forcht wegen Ulm sich verminderе, und rathet dahero wohl meynend, noch zur Zeitt kein monvement zu machen, damit es kein Aufsehen verursachen möchte. Gestern früh hat der Hessische Ministre von Donep dem Churfürsten die declaration gethan, wie dass bey der täglich schlimmer werden (sic!) Situation Sein gnädigster Herr Ihre Trouppen zurück zu ziehen genöthiget und solche also fernerhin ruiniren zu lassen nicht gemeint seye.

Wie Er dann in ein paar Tagen dess Aufbruchs und Ruckmarches halber durch den abgeschickten courier die letzte ordre erwartte. Der obgemelte gute Freund hat mir weitters gemeldet, dass Er beraits ersucht worden eine Marchroute zu machen und dass die intention dahin gehe, auf den March alles paar zu bezahlen. So bald als das aigentlich in Erfahrung bringe, so ermangle ich nicht Euer Hochfürstl. Durchlaucht das weittere in Unterthänigkeit zu berichten, unterdessen dörffte sehr gut seyn, wenn Euer Hochfürstl. Durchlaucht die Gnad haben wollten mir vorläufig und auf benöthigten Fall eine general March routte, nach welcher disser Trouppen March von Donauwerth aus, zu instradiren seyn möchte, schleunigst zugehen liessen. Der natürlichste und geradeste Weeg wäre wohl durch Francken, glaube auch nicht, dass sie sich werden einfallen lassen, durch Schwaben zu gehen.

Je schlimmer nun die Sachen von Tag zu Tag in Bayern werden, je grösser wird die Hofnung zu einem baldigen particular Friden. Der mehrbemelte gute Freund versichert mich positive, dass solcher innerhalb 8. Tagen ganz ohnfehlbar geschlossen seyn müsse, indeme der Churfürst nunmehro keine Wahl habe, alle conditiones, so hartt sie auch seyn möchten einzugehen, oder nicht: dass Er auch darzu ganz genaigt seye, und sich durch keines fremden Ministre widrige Insinuationen am wenigsten durch die Versprechungen dess Sächssischen darvon abhalten lassen werde, da es gar zu sehr in die Augen falle, warum dess letztern Hof wegen dess bömischen voti Anstand nehme, deme aber der Churfürst mit seinem Schaden die convenienz zu machen eben nicht gedenke. Man erwarttet anheutte den Vice-Canzlar von Braitlohn, mit welchem sich der gute Freund sogleich sezen und eventualiter die praeliminar-Articul entwerffen will. Die negociation wegen eines anderweittigen Fridens mit Preussen solle nach denen sichern Nachrichten dess guten Freunds, sowohl in Sachssen, alwo den Graven von Brühl 100/M. Rthlr. desshalb versprochen seyn sollen, alss auch an den Russischen Hoff, durch die Prinzessin von Zerbst, starckh fortgehen, und glaubt man ganz gewiss, dass solcher ehestens zu Stande kommen werde.

Ich lasse dieses um der sicherheit willen, unter Kaufmanns Converte laufen und bitte Euer Hochfürstl. Durchlaucht unterthänigst mir die Gnad zu thun unter gleichmässigen privat Couverte und addresse an den Banquier Christian von Münch, dero gnädigste Befehle mir anhero zugehen zu lassen.

Der ich in profundestem Respect verharre

A. d. 17. April 1745.
[Augsburg]

Ew. Hochfürstl. Durchlaucht
unterthänigst treu gehorsamster Diener
Georgii.

Durchlauchtigster Herzog,

Gnädigster Fürst und Herr!

Die affaire von Pfaffenhofen ist serieuser gewesen, als anfänglich vorgegeben worden, denn so vihl weisst man nunmehro zuverlässig, dass darbey 4000. Mann ohugefähr zu schanden gemacht, auch der General Ruppelmonde tod geblieben.

Die Franzosen seynd gefolgten Tags von daraus in Einem March biss nach Rain gelofen, gestern aber von dar weitters die Donau herauf in Schwaben geflüchtet. Wo sie aber anjezo aigentlich stehen, und wohin Sie ihren Weeg weitters nehmen, darvon will hier niemand, weder bey Hof noch in der Stadt, wass wissen. Aller Menschen einmüthigen Vermuthen nach aber sollen selbige geraden Weegs in Euer Hochfürstl. Durchlaucht Lande marchiren und trachten, die in selbigem ligende Regimenter an sich zu ziehen. Da nun leicht zum Voraus zu sehen, was disses flüchtende marchiren vor confusion, Ohnordnung und Schaden causiren werde, So habe ich diesen Abend den allhier auf Commando stehenden Obristen von Drais veranlasset, dass Er sogleich einen Officier fortschicken und sichere Kundschaft einziehen lassen solle, was vor einen Weeg die französische Trouppen, bereits genommen und noch weitters nehmen werden, mit dem Verlass, dass diser Officier unterweegs so bald alss Er das aigentl. erfahren, Euer Hochfürstl. Durchlaucht durch eine Estaffette benachrichtigen solle.

Die Hessische Trouppen haben sich beraits separirt und stehen zwischen Friedberg und Lechhausen jenseits des Lechflusses, mit welchen die an beeden Orthen eingeruckte Oesterreichische Vor Trouppen sich ganz friedlich betragen.

Die bayrische Völcker, so noch in 7. biss 8000. Mann bestehen sind heutte bey hiesiger Stadt vorbey auff Horgau 2. Stund von hier gezogen, nachdeme sie die beede brucken zu Friedberg und Lechhausen hinter sich abgeworfen, davon aber die leztere durch die Panduren gleich wider belegt worden. Nach dess FeldMarchal Thörings Vorhaben, hätte sowohl der Churfürst sich von hier hinweg begeben und nach Mannheim heutte abraysen — alss auch die Trouppen geradesweegs dahin marchiren und alldorten neuer Hülffe zuwider (sic!) Einnehmung seiner Landt von Frankreich erwartten sollen. Es hat aber die teutsch gesinnte partie vorgetrungen, dass nicht allein der Churfürst selbsten keinen Schritt weitters thun wird, sondern disen Abend die aigenhändige ordre gestelt dass seine Trouppen in Horgau Halt machen sollen. Wie Er dann vöstgesinnet und darbey bleibt seinen Friden so gut möglich zu machen und alles einzugehen, was anderseits verlanget wird. Inmasen dann auch heutte noch ein courir wider nach Fuessen abgehet, deme wohl biss Morgen Mittag Herr FeldMarchall von Seckendorff folgen dörfte ohne die Zurückkunft dess nacher Wien abgegangenen couriers zu erwartten, also dass man vöstiglich glaubt, dass noch vor Ablauf der Feyertäge ein ganzes werde gemacht werden.

Herr General von Donep hat mir heutt Mittag gesagt, dass in 2. à 3. Tagen die Hessische noch übrige Trouppen ihren Ruckmarch antreten würden, und dass ich ihm eine Gefälligkeit thun würde, ihm ein Project einer Marchroutte zu geben. Da nun Euer Hochfürstl. Durchlaucht meine gestrige zweyte unterthänigste relation bereits werden gnädigst erhalten haben, in deren ich hievon die vorläufige Erwähnung gethan; So erwartte hierüber den weittern gnädigsten Befehl.

Ich habe zu erkennen gegeben, wie Ihme Herrn General nicht ohnbekannt seyn werde, wass in dergleichen Fällen unter den Fürsten und Ständen dess Reichs sowohl in Ansehung der requisitorialien, alss auch regulirung der March Trouppen, nach denen Reichs constitutionen, üblich und herkomlich seye; welches Er auch ohne sich dessbalb weitläuf zu expliciren nicht widersprechen können. Nach meinem wenigen Ermessen wäre es gleichwohl sehr guth, wann man ohnverzüglich einen CrayssCommissarium hieher schickte, welcher den March mit gedachtem Herrn General regulirte und zeitlich vorkähme ehe und bevor die Francken hievon etwas innen würden, welche sodann leichtl. Mittel und Weeg finden dörfften, diese Trouppen von dem geraden Weeg ab und linkerhand herein in Schwaben zu treiben.

Wormit in beharrlicher tiefster devotion verharre

Augsburg d. 18. April 1745.

Ew. Hochfürstl. Durchlaucht
unterthänigst treu gehorsamster Diener
Georgii.

Gestern sind die Oesterreicher in Rain mit ihrer ganzen Armée eingerucket, und hatt es das Ansehen dass Sie dem (sic!) flüchtenden Feind aller Orten aufsuchen und verfolgen werden, wenn nicht durch einen geschwinden Friden die Franzosen einen freyen Rückmarsch bekommen.

Durchlauchtigster Hertzog,

Gnädigster Fürst und Herr!

Euer Hochfürstl. Durchlaucht werden ohne Zweifel von dem allhier auf Commando stehenden Obristen Drais den unterthänigsten raport bekommen haben, von dem, was der ausgeschickte Hauptmann Herpfer wegen des französischen marches erkundiget. Wie diser mir gestern abends mündlich erzehlet, so befinden sich dise delabrirte Trouppen noch bey Donauwerth, ohne dass sie sich vermerken lassen, wohin sie weitteres Ihren Weeg nehmen wollen, vermuthlich richten sie sich nach dem mouvement der Oesterreicher, und müssen laufen, wo Ihnen disse den pass nicht verlegen. Gestern Mittag um halb Ein Uhr ist der Herr FeldMarchall widerum nach Füssen zum Graven von Colloredo und Fürsten von Fürstenberg abgegangen, und wird heutte allem ansehen nach der Fride von denen beederley bevollmächtigten unterschrieben werden, nachdeme der Churfürst die hartte conditiones mit etwelcher modification einzugehen, durch die von allen seithen auf Ihne angetrungene Noth sich gezwungen gesehen. Bis Morgen Abends wird Er allhier widerum zurück erwarttet. So ohnbeschreiblich gross abgewichenen Samstags und Sonntags der Jammer und Lermen gewesen, So gross ist nun widerum die Ruhe und stille, von der Hofnung dass in ein paar Tagen alles widerum nach München werde zurückgehen können.

Gestern Mittags verlangte der General Kriegs commissarius Graf Kaysserstein von mir, ich möchte ihm die Veranstaltung der Verpflegung der bey Horgen stille ligenden bayrischen Trouppen auf 3. à 4. Tag machen helfen und die Subsistenz verschaffen helfen. Ich declinirte aber solches mit dem defectu instructionis und verwisse Ihn, weil diser Orth im Burganischen lige, und dem hiesigen Bissthum einigermassen zugehöre an dess Herrn Bischoffen Hochfürstl. Durchlaucht, welche nicht ermanglen würden mit hochfürstl. Crayss ausschreib Amt, wo sie es nötig fähnden zu communiciren, einstweilen aber das nötige herbeyzuschaffen nicht anstehen.

Zu gleicher Zeitt schickte auch der Hessische commandirende General von Brand den Kriegscommissarium Mume an Mich und begehrte Ihme Anlaitung zu geben, wie Er die requisition an die hfürstl. Crayssausschreib-Aemter zu machen? und liesse mir auf den Abend darauf wissen, dass Er an Euer hfrstl. Durchlaucht mit einem solchen eine Estafetta in diser Nacht wegschicken und darauf einen commissarium zu regulirung des Marches erwartten wollte. Wie ich nun nicht zweifle, dass solche beraits angelanget seyn werde, also wollte dess unterthänigsten ohnvorgreiflichen Darvorhaltens seyn dass ohnverzüglich jemanden von Craysses wegen anhero abzuschicken seyn möchte, indeme sonsten wie beraits in meiner lezten unterthänigsten relation gemeldet habe, besorge die Franken möchten abermahl das praevenire spihlen und es dahin leiten, dass dise Trouppen zu weitt lincks herein in Schwaben getriben werden. Sie marchiren in 3. divisionen darvon jede 15. biss 1800. Mann starckh seyn solle, und rucken heutte zu Oberhaussen Eine halbe Stunde von hier, bezahlen aber alles und halten zimlich gute ordre.

Der Englische und Holländische ministres Robinson und Bourmannia, sollen wirklich auf den Weeg von Wien aus hiehero begriffen seyn.

Wormit zu beharrlichen hochfrstl. Hulden und Gnaden mich unterthänigst empfele und in profundestem Respect verharre

A. d. 20. April 1745.
[d. h. Augsburg.]

Ew. Hochfürstl. Durchlaucht
underthänigst treu gehorsamster Diener
Georgii.

Durchlauchtigster Hertzog,

Gnädigster Fürst und Herr!

Euer Hochfürstl. Durchlaucht solle hiemit in unterthänigstem respect berichten, dass disen Abend der Herr FeldMarchall Grav von Seckendorff widerum zurückgekommen, nachdeme vorher in Füssen zwischen denen beederseittigen Bevollmächtigten Ministris die praeliminaria zum Friden unterzaichnet worden. Ich habe Ihne Herrn FeldMarchall disen Abend spath noch etliche moment zu sprechen Gelegenheit gehabt, und von Ihme unter dem starken Aulauff vihler andern Persohnen nur dises vernommen, dass Oesterreichischer seits noch zerschiedene Punkten nachgegeben worden. Das Vornehmste aber bestehet in der völligen restitution von Bayern auser Ingolstadt, welches mit 500. Mann neutralen CrayssTrouppen von Frankhen und Schwaben biss auf erfolgende Kaysserswahl besetzt werden; dessentwegen dann auch von beeden Theilen hiernächst die requisitorialien an ged. beede Crayssen abgehen sollè. Alle hostilitaeten contributionen etc. cessiren von morgenden Tag. Oesterreich zahlt einstweilen gleich 400/M. fl. an Bayern biss die weittere Subsidien regulirt würden. Innerhalb 4. Wochen sollen die Oesterreicher das Land völlig raumen. Der punct wegen der Kaysserswahl solle sehr glimpflich gefasst seyn. Die amnestie allen und jeden von Böhmen ausgetrettenen vollkommen accordirt. Wegen Preusen habe Colloredo bezeugt, dass sein Hof ganz genaigt wäre, gleichfallss billige Ausskunfft zu treffen, ob defectum instructionis aber vor seine Persohn sich in nichts hierüber einlassen wollen.

Ein mehrers konte ich heutte um obged. Ursache willen nicht vernehmen, werde aber Morgen die Gelegenheit haben das weittere umständlicher zu erlernen, sofort nicht ermangeln, Euer Hochfürstl. Durchlaucht darvon gleichbaldige unterthänigste relation zu erstatten. Der ich inmittelst in profundestem respect verharre

A. d. 21. April 1745.
[d. h. Augsburg.]

Euer Hochfürstl. Durchlaucht
Underthänigst treu gehorsamster Diener
Georgii.

Auf einem Duplicate steht die Bemerkung:

„Morgen wird der ganze Chur-
„fürstl. Hof von hier wieder
„auff München revertiren."

Durchlauchtigster Hertzog.

Gnädigster Fürst und Herr!

Diesen Morgen ist der ganz Churfürstl. Bayerische Hof von hier widerum nacher München abgereysst, nachdeme gestern Mittags der Fürst von Fürstenberg allhier von Füssen auch angelangt, und das Fridensgeschäft nunmehro seine vollkommene Richtigkeit erlanget hatt. Krafft dessen erhält Churbayern die restitution aller seiner Lande biss auf Ingolstatt, welches wie schon Jüngsten unterthänigst referirt, einstweilen mit neutralen fränkisch- und Schwäbischen Trouppen besezt werden solle.

2. Renunciret auf alle seine Forderungen und nimmt die Sanctionem pragmaticam an.

3. will das Votum Bohemicum in die Activitaet bringen. Ingleichen

4. die Kayssorswahl, vor den Gross Herzog, so vihl an Ihme dirigiren helffen.

5. Wann eine association unter den vorliegenden Crayssen zu Stand käme sich denensolbigen beyfügen.

6. Seine officia anwenden damit die von Franckreich aus Freyburg weggeführte Artillerie, widerum restituirt werden möge, dargegen Oesterreich auch die aus Bayern weggeführte widerum hergeben will.

7. Oesterreich zahlt gleich jezo 400/M. fl. an Bayern, und verspricht von Engel- und Holland noch weitere subsidien, zu deren regulirung die ministri von diesen Höfen (und zwar nicht von Wien aus, wie ich lezthin unterthänigst gemeldet, sondern von Cöllen aus) ehestens in München erwarttet werden.

8. Innerhalb 14 Tagen sollen die Oesterreicher die Bayerische Landen quittiren, von gestern an aber alle Feindseligkeiten cessiren.

9. Eine Generalamnestie allen und jedem accordirt seyn.

10. Die alliirten auxiliar Trouppen bekommen einen freyen Abzug biss an Rhein.

Die bayrische Armee so seit zwey Tagen bey Zussmarshausen campirt — bricht auf und zieht sich nacher Landsperg.

Heutte gehet ein Corps von 5. Bataillons und 4. escadrons, unter dem commando dess FeldMarchall Lieutenants von Seckendorff nacher Worttingen und Morgen nach Donauwerth um die dorttige Brucken wider zu repariren, und den Orth zu besezen. Die Armee commandirt dermalen der Prinz von Hildburgshausen, der FeldMarchall Thöring aber solle das commando nidergelegt haben, der General Mortaigne hat gestern seine dimission begehrt und gleich erhalten. Die Hessen erwartten mit gröstem Verlangen einen commissarium, damit sie ihren March ebenmäsig fortsezen können, und weilen Sie entrepreneurs aufgestelt, So verlangen Sie Ihnen die Stationes zu reguliren damit Sie auf solchen das nöthige anschaffen lassen können.

Ich zweifle nicht Euer Hochfürstl. Durchlaucht werden Meine leztere per Estafette eingeschickte Utgste relation gnädigst erhalten — und darauf jemanden abgeordnet haben, welcher heutte allhier eintreffen könne.

Weilen nun die Sachen allhier zu Ende, so gedenke ich biss Montag früh von hier widrum abzurayssen, ehender kan solches darum nicht thun, weilen alle Pferdte vor den Hof und die fremdte Ministres auf heutt und Morgen weggenommen seynd. Wormit in profundestem Respect verharre.

· Augspurg d. 24. April 1745.

Ew. Hochfürstl. Durchlaucht
Underthänigst-treu-gehorsamster Diener
Georgii.

Durchlauchtigster Herzog.

Gnädigster Fürst und Herr!

Als ich gestern mich bey dem Herrn FeldMarchall Graven von Seckendorff beurlauben wollte, ersuchte mich derselbige um desswillen noch ein paar Tagen hier zu verbleiben, weilen eines Theils in solcher Zeitt der an den Kgl. Ungarischen General Bathiani, abgeschickte bayrische General St. Germain. deme wegen evacuation der Vöstung Ingolstatt mit Jenem die weittere Verabredung zu nehmen, unter anderm mit aufgegeben worden widerum zurückhkommen, anderntheils aber die Requisitorialien an die hochfrstl. KrayssAusschreib Aemter von Francken und Schwaben, um hergebung einiger Trouppen zu Besezung gedachter Vöstung einlaufen müsten, da es Ihme Herrn FeldMarchal sehr angenehm wäre, wann Er durch Jemand Vertrautes das Weittere an Euer Hochfürstliche Durchlaucht bringen und Höchstdero gnädigst Gesinnung und WillensMeynung vernehmen es auch zu Facilitirung der Sachen selbst und Ihrer Einlaitung zu allerseittigen Vergnügen geraichen — wenn man sich über die sich etwan hiebey herfürthuende difficultaeten mündlich besprechen und gegen einander expliciren könnte. Ob ich nun zwar mir ein solches bey ged. Herrn FeldMarchall abgebetten, und dass ich mich hierüber in nichts einlassen dörffe, vorgestellt; So insistirte Er doch und verlangte, dass ich dises an Euer Hochfürstl. Durchlaucht unterthänigst berichten und zugleich unterthänigst anfragen sollte ob Höchstdieselbe von Crayss Ausschreib Amts wegen genaigt wären, der an dasselbe kommenden requisition platz? und wie vihl Trouppen ohngefähr darzu zu geben gnädigst gedächten? dess Herrn FeldMarchalls Aeusserung nach möchten wohl 5 bis 600 Mann nebst Einem Obristen oder Obrist Lieutenanten nötig seyn und verlanget werden. Ich habe demnach bey solchen Umständen meiner unterthänigsten Schuldigkeit und dem Dienst Euer Hochfürstl. Durchlaucht und dess löbl. Craysses gemäs zu seyn erachtet, Höchstdenenselben hiervon durch dises unterthänigsten Bericht zu erstatten und dero gnädigste Befehle mir hierüber in tiefester Unterthänigkeit auszubitten.

Die Ratification und solenne Auswechsslung der geschlossenen Fridens Tractaten sollte den 30. hujus zu Salzburg vor sich gehen.

Der Oesterreichische Ministre Baron Palm befindet sich, wie Euer Hochfürstl. Durchlaucht beraits gnädigst bekannt seyn wirdt zu Mannheim, und negocirt an widerherstellung der guten Einverständnuss besonders aber wegen gleichmässiger activitaet dess böhmischen Voti, man flattirt sich auch, dass diser ministre in allem glücklich reussiren und man nunmehro longe majora bey künfftiger Kayssers wahl vor den Grossherzog haben werde.

Gestern habe ich ein original Schreiben von dess Königs in Preussen Majestät aus Neusse unterm 9. hujus datirt gelesen, darinnen Seine Majestät Ihre beständige Neigung zum Frieden auf dem Fuss dess Breslauer Tractats contestiren, mit dem weittern Vermelden, dass Sie verhoffen, es werde der Churfürst keinen Frieden mit exclusion seiner allirten eingehen etc. Sonsten befinden sich noch der französische, Spanische, Preussische Ministres und Päbstliche Nuncius allhier, erwartten zum Theil passeports von dem General Bathiani zum Theil aber auch Ihren Rappel. der Nuncius aber gedenket von hier nacher Frankfurt zu gehen; Diesser hat auch gestern Briefe aus Italien vorgelesen, nach welchen die spanische Armee den Panaro passirt, die österreichische aber sich beraits in das modenesische retirirt haben, General Bathiani solle mit etlichen Regimentern aus bayrischen Landen eylends dahin abmarchiren.

Wegen der Hessischen Trouppen Abmarch wird der gestern Mittags alhier angekommene Commissarius Griesinger seinen unterthänigsten rapport besonders erstatten, auf welches ich mich mit gnädigster Erlaubnuss unterthänigst beziehe.

Der ich in tiefnidrigsten respect allstets verharre,

Augsburg, d. 25. April 1745.

Euer Hochfürstl. Durchlaucht
Underthänigst-treu-gehorsamster Diener.
Georgii.

Während des Deutsch-Französischen Krieges von 1870 gelangte ich in den Besitz von Schriftstücken aus dem Congress zu Rastadt, $\frac{1798}{1799}$ niedergeschrieben von dem verstorbenen Obertribunal-Präsidenten von Georgii, damaligem Abgesandten der Württembergischen Landschaft, welche einen Beitrag dazu liefern, dass die damalige Französische Republik von der gleichen Eroberungssucht befallen war, wie die nachfolgenden Regierungen, dass sie namentlich den Besitz der wichtigsten Plätze des linken und rechten Rheinufers verlangte und dies zu erreichen hoffte, indem sie die kleinen Deutschen Staaten für sich zu gewinnen suchte.

Der Krieg von 1870 war somit der naturgemässe Ausbruch einer langher datirenden bedauerlichen Krankheit des Französischen Volkes. Die Begehrlichkeit nach Deutschen Ländern musste endlich einmal den Franzosen gründlich entleidet werden und dem König Wilhelm von Preussen, dem jetzigen Kaiser des Deutschen Reiches, war es vorbehalten, dieses für Deutschland unumgänglich nothwendige Werk zu vollbringen, nachdem Frankreich neuerdings den Anstoss dazu gegeben hatte.

Stuttgart im Dezember 1870.

General-Consul von Georgii.

Rastadt 20. Januar 1798.

Die von der Kaiserlichen Plenipotenz (wie man hier sagt) eröffnete Friedensproposition bestand in wenig Worten darinnen, dass man das linke Rheinufer abtreten soll und Nichts darunter und Nichts dafür. Graf Metternich begleitete diess mit einer erbaulichen Rede, worinnen er stark gegen den Separatfrieden loszog.

Georgii.

Rastadt 17. Februar 1798.

Die Verhandlungen gehen mit einer Langsamkeit, die nicht nur die Franzosen, sondern auch mich und andere Leute äusserst choquirt.

Die neuste Erklärung der Reichsdeputation geht nun dahin, dass sie gleichwohl die Hälfte des linken Rheinufers abzutreten nicht abgeneigt sey. Damit meint sie nun Nichts vergeben zu haben, holt aber damit schlechten Dank bei den Franzosen, die äusserst ungehalten über diese Zögerung sind. Treillard (Französischer Minister) sagte mir noch vorgestern, dass er die bestimmteste Weisung von seinem Gouvernement erhalten habe, nach welcher, wenn man sich jetzt nicht gleich bestimmt wegen der Grenzen erkläre, die unangenehmsten Folgen für Deutschland zu erwarten seyen. Euch, fuhr er fort, die Ihr am Rhein liegt, Württemberg, Baden, Darmstadt liegt am meisten daran, dass die Sach einmal ihre Richtigkeit bekommt und wenn wir noch einmal kommen müssten, so wird Euch Euer Separatfrieden Nichts helfen. Das Letztere war freilich eine harte Rede, die mir sehr auffiel; ich ermangelte nicht, die Unrichtigkeit des Satzes zu bemerken, allein Herr Treillard ist gewohnt, mit dem Fuss zu stampfen und zu toben, wenn man nicht gerade thut was er will.

Georgii.

Rastadt 2. August 1798.

Herr R........ (Französischer Gesandter), den ich heute sprach, eröffnete mir bei diesem Besuch Folgendes:

Die Französische Republik wünsche sehr dem Deutschen Reich Selbstständigkeit zu verschaffen, aber es scheine, dass die Fürsten das Anerbieten nicht annehmen wollen. Bis jetzt sey Deutschland nichts als eine Oesterreichische oder auch unter gewissen Umständen Preussische Provinz; denn bald diese bald jene grosse Macht treibe mit den Deutschen kleinen Fürsten ungescheut ihr Spiel und brauche sie blos zu ihren Absichten; es liege Frankreich daran, diesem Unwesen ein Ende zu machen und Deutschland in den Stand zu setzen, dass es nicht blos durch die eigennützigen Absichten des Einen oder Andern beherrscht werde. Die Mittel, die man französischer Seits dazu anwenden wolle, bestehen darin: Nachdem Deutschland an Ausdehnung und Flächengehalt durch gegenwärtigen Reichsfrieden verlohren, den Fürsten mehr Kraft zu geben und sie in den Stand zu setzen, sich nicht mehr wie bisher durch Oesterreich beherrschen zu lassen. Diess würde alsdann geschehen, wenn alle privilegirte Kasten aufgehoben, die kleinen Deutschen Länder in grössere Fürstenthümer zusammengezogen und die Fürsten durch gute Ständische Verfassungen ausser Stand gesetzt würden, den Völkern wie bisher zu schaden. Dazu würde eine allgemeine Säcularisation, die Unterdrückung der unmittelbaren Reichsritterschaft, sowie der kleinen Grafen und Fürsten und ihre Einschmelzung in grössere Ländermassen dienen. Eine allgemeine Säcularisation sey durchaus nothwendig, wenn der oben angeführte Zweck erreicht werden soll.

Ausserdem würde weder die Unabhängigkeit Deutschlands von dem Oesterr. Haus, noch die innere Ruhe des Deutschen Reiches gesichert werden können. Wenn nur etwa 30 kleinere geistliche Staaten säcularisirt werden und die Uebrigen bleiben, so sey damit Zunder genug vorhanden, die ewigen Unruhen zu unterhalten. Die übrig bleibenden geistlichen Fürsten würden schon dadurch Ursache genug bekommen, das gegen ihre Weltliche Herrschsucht gerichtete

Prinzip zu bestreiten, und dann fürchten diese endlich doch, dass die Reihe auch sie treffen möchte; man würde sie zu ewigen Feinden der Weltlichen Fürsten machen und so würde Deutschland nie Ruhe bekommen.

Besser sey es also, alle geistlichen Fürsten auf einmal oder doch den allergrössten Theil derselben zu unterdrücken und damit die Macht der weltlichen Fürsten zu vergrössern.

Herr R........ fuhr darauf mit Invectiven gegen das Oesterreich. Haus fort und zeigte mir ein ganz neues Werk von Duperron über die Ursachen des Kriegs in Savoyen im 16. Jahrhundert bis 1783, worinnen die Herrschsucht und die Vergrösserungsabsicht des Oesterr. Hauses als die Ursache alles Kriegs geschildert wird.

Aber auch von dem jetzigen König von Preussen sprach er ganz nicht vortheilhaft, er scheine blind zu seyn und die äusserst günstige Lage der Umstände zu seinem Vortheil nicht benutzen zu wollen. Friedrich II. würde wohl auf andere Art davon zu profitiren gewusst und gewiss Alles gethan haben, um sein Haus zu eben dem Gipfel der Macht, worauf das Oesterreich. Haus stehe, zu erheben.

Die Französische Republik meine es gut mit den Deutschen Fürsten: wenn sie es nicht erkennen und lieber Sclaven des Oesterreich. Hauses seyn wollen, so werde man sie auch danach zu behandeln wissen, und sollte der Krieg mit Oesterreich wieder ausbrechen, so werde man, nach dem Canon, den einst Oesterreich zu Anfang des gegenwärtigen Kriegs auf dem Reichstag geltend gemacht, „wer nicht für uns ist, der ist wider uns," mit ihnen vorgehen und so mögen sie sichs dann selbst zuschreiben, wenn sie durch Revolutionen diejenigen Rechte gänzlich verliehren, welche man gegenwärtig von Seiten der Französischen Republik zu befestigen ernstlich bemüht war.

Georgii.

Rastadt 9. August 1798.

Die Deutsche Note vom 7. August, die ich als bekannt voraussetze, ist zwar der Plenipotenz, aber von dieser der Französischen Gesandtschaft noch nicht übergeben worden. Graf Metternich hat heute Nacht einen Courier nach Wien abgesendet und man behauptet, dass er dort angefragt, ob er die Note so wie sie da ist, übergeben dürfe.

Vermuthlich ist es die Schleifung Ehrenbreitsteins, die ihm nach Lehrbachs Gewissensbissen den meisten Scrupel macht. Gewiss ist, dass die Franzosen mit der Note, so wie sie gefasst worden, nicht zufrieden sind und dass sie auf den festen Punkten auf dem rechten Rheinufer bestehen werden.

Georgii.

Rastadt 16. August 1798.

Jean Debry (Französischer Gesandter) schwört bei allen Göttern, dass wenn nicht die Partikular-Abgeordneten in dem jetzigen Moment die Reichsdeputation excitiren, und sich laut und unumwunden für Verständigung prononciren, er für seinen Theil gewiss Alles anwenden werde, damit sie seiner Zeit für ihre Entschädigungforderung Nichts bekommen. Ueberhaupt sollen sie's nur wieder auf Krieg ankommen lassen und zusehen, wie sie zurecht kommen werden.

Georgii.

Rastadt 9. September 1798.

Man hat hier starke Hoffnung, dass die erste Friedensbasis diesen Monat noch zu Stande kommen werde. Schon ohne die letzte französische Note hoffte man damals gewiss, dass die Franzosen in Ansehung der Forts von Castel und Kehl nachgeben würden. Die Preussische Gesandtschaft hatte mit der Französischen solche Unterredungen gepflogen, dass man desfalls an einem günstigen Erfolg gar nicht zweifelte. Um so erstaunter war die Reichsdeputation über jene Note, worinnen die Franzosen gerade bei jenen Punkten nicht nachgeben zu wollen erklärten. Es kam darüber zu einem sehr heftigen Wortwechsel zwischen Bonnier (Franz. Gesandter) und Albini (kurmainzischer Directorial-Gesandter), worin Letzterer dem Ersteren sehr heftige Vorwürfe machte und noch von härteren Dingen als der mala fides sprach, womit die Franzosen gegen die Deutschen handelten. Bonnier mag sich vielleicht getroffen gefühlt haben, kurz, so unhöflich er auch sonst ist, so suchte er nur zu besänftigen und schimpfte nicht wieder und behandelt dato den Albini mit Achtung.

Nun sollen neuerlich Verabredungen zwischen den Preussen und Franzosen vorgefallen seyn. Das Resultat davon ist die Hoffnung, dass nachdem die Reichsdeputation neuerlich blos wegen der Petersau nachgegeben hat, die Franzosen in ihrer nächsten Note auf Castel und Kehl Verzicht leisten werden.

Morgen wird der Beschluss der Reichsdeputation redigirt und die Franzosen sagen, sie würden ihre Entschliessungen von der Fassung des Deutschen Conclusums abhängig machen; ich hörte in dieser Beziehung heute selbst Rosenstiel zu Jean Dobry sagen, „s'ils viennent au devant de nous, nous irons au devant d'eux."

Ich höre aus guter Quelle, dass Oesterreich und Frankreich sich auch mehr zu nähern anfangen, obgleich ganz gewiss ist, dass bis jetzt kein wechselseitiges Einverständniss vorhanden war.

Wenn nur Preussen seinen Vortheil nicht misskennt, und die Annäherung Oesterreichs und Frankreichs nicht erst abwartet, ehe es für sich und die Deutschen Fürsten sorgt. Es soll zuverlässig sein, dass Sieyes den Preussischen Hof um seine bons offices zur Ausgleichung der Irrungen zwischen Oesterreich und Frankreich gebeten habe. Die hiesigen Preussischen Gesandten haben diese Notiz erhalten und Görz zieht sie nicht in Abrede.

Georgii.

In der Einleitung zu dieser Familien-Chronik habe ich gesagt, dass ich dieselbe meinen Familienmitgliedern übergebe, um sich in Mussestunden daran zu erfreuen.

Nun möchte ich aber auch am Schluss dieser Chronik die Mahnung an die Georgii'schen Nachkommen hier niederlegen, sich für die drei Stiftungen, welche ich im Einklang mit der Denkungsart meiner Vorfahren gemacht habe, nemlich:

1) das Fideikommiss-Stammgut Georgenau,
2) das Georgenäum in Calw (eine Stiftung für Volksbildung),
3) die von Georgii-Georgenau Stiftung in Strassburg zur Förderung Deutschen Sinnes

zu interessiren und sie dadurch nutzbringender zu machen.

General-Consul von Georgii.

Euer Hochwohlgeboren
haben die Gefälligkeit gehabt, mir eine der von Ihnen herausgebenen „Urkundensammlung, die Georgii'sche Familie betreffend," zu übersenden und mich dadurch zu besonderem Danke verpflichtet.

Euer Hochwohlgeboren haben Sich durch dieses Werk, welches auf meine Anordnung auch im Staats-Anzeiger besprochen worden ist, nicht blos um Ihre, an ausgezeichneten Männern fruchtbare Familie, sondern zugleich um die Geschichte des Vaterlandes ein wahres Verdienst erworben.

Anbelangend das von Euer Hochwohlgeboren gestellte Gesuch um Beifügung des Namens „Georgenau" zu Ihrem bisherigen Familien-Namen, so wird es mir, sobald Euer Hochwohlgeboren diesen vorläufig ruhenden Gegenstand wieder in Anregung bringen werden, ein besonderes Vergnügen sein, Ihren diessfallsigen Wünschen nach Möglichkeit zu entsprechen.

Mit vollkommener Hochachtung etc.

Stuttgart den 8. Mai 1870.

Der Chef des Departements des Innern:
Scheurlen.

Seiner Hochwohlgeboren
den Königl. Niederländischen General-Consul
Herrn von Georgii
dahier.

Departement des Innern.

Bekanntmachung des Ministeriums des Innern, betreffend eine Namensänderung.

Da Seine Königliche Majestät durch Höchste Entschliessung vom 18. d. M. dem niederländischen Generalkonsul v. Georgii in Stuttgart die Erlaubniss gnädigst ertheilt haben, seinem Familiennamen „von Georgii" für sich und seine Nachkommen den Namen seines Familiengutes „Georgenau" beizufügen, so wird diess hiemit zur öffentlichen Kenntniss gebracht.

Stuttgart, den 22. Mai 1871.

Scheurlen.

Briefe an General-Consul von Georgii.

In Folge der dem Herrn Staatsrath Grafen von Taube, Director des K. Geheimen Haus- und Staats-Archivs, dem Herrn Geheimen Legationsrath Dr. von Schlossberger, dem Director der K. öffentlichen Bibliothek, Herrn von Stälin, übersandten Exemplare dieser Urkunden-Sammlung sind von denselben nachstehende Antwortschreiben eingegangen:

I.

Euer Hochwohlgeboren

haben die Gewogenheit gehabt, mir ein Exemplar der von Ihnen herausgegebenen Sammlung von Urkunden u. s. w., die Georgii'sche Familie betreffend, zustellen zu lassen. Erlauben Sie, verehrtester Herr General-Consul, dass ich für die Ehre, welche Sie mir durch diese Gabe erwiesen, meinen aufrichtigsten und verbindlichsten Dank ausspreche.

Gestatten Sie mir noch beizufügen, dass der Durchblick der von Ihnen herausgegebenen Sammlung mir das lebhafteste Interesse erweckt hat, indem ich in derselben einen werthvollen Beitrag zu der Geschichte einer seit Jahrhunderten in Württemberg heimischen vielfach verdienten Familie und zugleich zur Geschichte unseres Landes und seines Regentenhauses erkannt habe.

Genehmigen Sie, verehrtester General-Consul den erneuerten Ausdruck der vollkommensten Hochachtung, mit welcher ich die Ehre habe zu sein

Euer Hochwohlgeboren

ergebenster
Gf. Taube.

Stuttgart, 4. Mai 1870.

Sr. Hochwohlgeboren
Herrn General-Consul v. Georgii.

II.

Verehrtester Herr und Freund!

Das mir gütigst übersandte Exemplar Ihrer interessanten und glänzend ausgestatteten Sammlung von Familienurkunden habe ich zu erhalten das Vergnügen gehabt.

Ich bin Ihnen dafür sehr verbunden, und will Ihnen nicht verhehlen, dass ich das mir schon Bekannte darin gerne aufs Neue gelesen und das mir Fremde mit grossem Interesse verfolgt habe. Ich erachte diese Familiennotizen für so bedeutsam, dass ich gerne bereit bin, wenn Sie es wünschen, ihnen — ad perpetuam rei et familiae memoriam -- im K. Archive bei den Urkunden der übrigen Adelsfamilien ein Plätzchen einzuräumen.

Mit ausgezeichneter Hochachtung

Ihr ganz ergebenster
Dr. Schlossberger.

Stuttgart den 27. April 1871.

Sr. Hochwohlgeboren
dem Herrn Generalkonsul E. von Georgii.

III.

Stuttgart den 9. Mai 1871.

Verehrtester Herr Generalconsul!

Belieben Sie meinen verbindlichsten Dank entgegenzunehmen für das würdige Denkmal, welches Sie Ihrer Familie in Ihrer erweiterten Schrift gesetzt haben. Wir werden durch solches in wichtige Wendepunkte der heimatlichen Geschichte eingeführt, welche für mich besonderes Interesse haben, so dass mir Ihr Opus für meine eigenen Arbeiten willkommene Belege bieten wird.

Auch die k. öffentliche Bibliothek wird es sich zur Ehre rechnen, ein Exemplar aus Ihrer Hand sich einverleiben zu dürfen, wofür ich den lebhaften Dank dieser Anstalt zum Voraus zu genehmigen bitte.

Mit besonderer Verehrung

Ihr ergebenster
Stälin.

NACHTRAG.

—

Abschriften

verschiedener Aktenstücke aus dem, in dem Kgl. Staatsfilialarchive zu Ludwigsburg aufbewahrten Aktenbunde signirt „(Geheimenraths)- Acta, betreffend: die Absendung des Geheimenraths Georgii nach Berlin, dessen Aufenthalt am Preussischen Hofe mit den drei Prinzen Carl Eugen, Ludwig Eugen und Friedrich Eugen; nebst verschiedenen Negotiationen desselben."

„October 1741 bis Januar 1744."

Auszug

aus

„der Instruction, wornach sich Unser von Gottes Gnaden Carl Friderich etc. etc. an den Königl. Preussischen Hoff abgeordneter Mitvormundschaftl. Geheimer Rath Johann Eberhard Georgii zu achten.“

I.

hat derselbe sich von hier per Posta nacher Berlin zu begeben, und seine Reisse solchergestalten zu beschleunigen, damit Er allda baldmöglichst eintreffen könne.

Bey seiner Ankunfft aber das Ihm mitgebende Creditiv an des Königs Majestät in einer sich ausbittenden Audienz zu übergeben, und dabey vorderist Unssere besondere Verbindlichkeit vor die Unss und Unserm Fürstl. Hauss biss anhero erzeigte Geneigtheit und Wohlwollen zu contestiren, anbenebenst Unsere hiernächst dahin kommenden Freundlich-geliebten Vettern und Vormunds-Söhne Lbdn. zu Sr. Königl. Majestät fernerer Protection und Hulden zu empfehlen; überhaupt aber auch Sr. Königl. Majestät von Unsertwegen zu ersuchen, sich bey gegenwärtigem Wahl-Convent und dem etwa bald vermuthenden General-Pacifications-Congress dieses Fürstl. Hauses Interesse in denen so vielfältig habenden wichtigen Angelegenheiten, nach Dero hohen Vermögen anzunehmen, und durch Dero habende Gesandtschaften kräftigst zu unterstützen.

II.

So viel aber diese Unsere Angelegenheiten selbsten betrifft, so lassen Wir ihme hierbey zugehen diejenige Instruction, welche Wir Unserer nach Frankfurth abgegangenen Gesandschafft aufgegeben, nebst dem von Unserm Mitvormundschaftl. Geheimen Rath und zweyten Crayss-Gesandten Zechen gefertigten Plan der künftigen Negociation, sammt denen darzu weiters gefertigten Ausführungen.

Wie nun diese Pieces Unserm Mitvormundschafftl. Geheimen Rath in der zu Berlin obhabenden Negociation pro Basi et Fundamento dergestalt dienen sollen, dass Er solche gestalten Sachen nach alss seine eigene Instruction ansehen, und dahero, in einer von Sr. Königl. Majestät ausbittenden vertrauten Conferenz mit einigen Dero Königl. Ministris, die hierzu ernennte Ministros von denen diesseitigen Praetensionen gründlich informiren, und sich deren Rath und wohlmeynende Gedanken, wie jene am besten zu erhalten und durchzutreiben seyn möchten, auszubitten. Gleichwie aber

III.

Unter gedachten dermahligen Angelegenheiten die wichtigste sindt:

1. die recuperirung der schon seit ao. 1723 sequestrirten Mömpelgardtischen 9 Seigneurien;

etc. etc. etc.

Was nun solchergestalten Er Unser Vormundschafftl. Geheimerath nach Innhalt dieser ihme gnädigst zugeferttigten Instruction und denen von Zeit zu Zeit an ihne erlassenden Rescriptis thun und verhandlen wird, wollen wir nicht allein gnädigst genehmigen, sondern auch Ihne darüber in allem noth- und schadloss halten.

Dessen zu wahrem Urkund etc.

Geben Stuttgart den 23. Novembris 1741.

Relatio I. d. d. 19. Decbr. 1741.

Durchlauchtigster Herzog

Gnädigster Fürst und Herr!

Ew. Hochfürstl. Durchlaucht habe ich die Gnade hiermit zum erstenmahl unterthänigst zu referiren, was massen ich vorigen Samstag den 16. hujus mit denen durchlauchtigsten Prinzen anhero gekommen, da ich wegen der in Illmenau mich befallenen Unpässlichkeit, auch wegen Mangel der Pferdte, ganzer 24 Stunden liegen bleiben, sofort auch, biss mich einiger massen wiederum erhohlet, 3 Tag länger mich unterweegs aufhalten müssen, so dass ich hernach zu Leipzig erst zu der Suite der Durchlauchtigsten Prinzen wiederstossen und die Reysse anhero prosequiren können. Es ist von Leipzig aus Herr OberSchenk voraus gegangen, um Ihro Majestät dem König die Ankunfft der Prinzen zu notificiren, und wird derselbige ohne Zweifel unterthänigst berichtet haben, wie gnädig Er von allerseits Königl. Majestäten empfangen worden. Zu Mittenwalde, also auf der leztern Station, kame der Herr Etats-Minister und OberMarechall Graf von Gotter zu denen Durchlauchtigsten Prinzen, um dieselbe zu bewillkommen, und anhero zu begleiten, einige Stunden darauf arrivirte auch der Adjutant von Möllendorff, und richtete von Ihro Majestät dem König ein compliment an die 3 Durchlauchtigsten Prinzen aus, mit bezeugtem Verlangen, wie sehr angenehm es Sr. Majestät seyn würde, die Prinzen balden bey sich zu sehen. Weilen aber der Herr Graf von Gotter nicht vor räthlich hielte, dass die Durchlauchtigsten Prinzen noch selbigen Abend sich bey Hoff einfinden solten, so verzögerten wir die Reysse, dass wir erst Abends um 8 Uhr anlangten, und bey gedachtem Herrn Minister zu Nacht asen, von darauss die Durchlauchtigsten Printzen zwar Ihr Quartier in dem angewiesenen FürstenHauss bezogen, allda aber nicht das mindeste noch aptiret antraffen, so dass die meiste von der Suite ausserhalb in der Stadt ihr Quartier nehmen müssen. Tags Folgenden gegen 12 Uhr wurden die Durchlauchtigsten Prinzen in Begleitung der beeden Herrn Ministers Grafen von Gotter's und von Marchall's nach Hoff gebracht. Ihro Majestät der König empfiengen dieselbe in Ihrem Zimmer ganz besonders, und als Se. Majestät hernach aus dem Zimmer kamen, wurde Herr OberStallmeister von Röder, Herr Obrist von Laubsky, Herr von Schaumberg (Herr v. Üxkühl konnte wegen Unpässlichkeit nicht mit nacher Hoff kommen) und ich an Ihro Majestät den König von dem Herrn OberMarechall Grafen v. Gotter präsentiret, daraufhin auch die Durchlauchtigste Prinzen nebst Herrn OberStallmeister, Herrn Obrist v. Laubsky und mir an die Königliche Tafel geladen; dess Abends um 6 Uhr geschahe es auf gleiche Art bei Ihro Majestät der regierenden Königin, und eine halbe Stunde darauf bey Ihro Majestät der verwittibten Königin, welche die durchlauchtigste Prinzen nebst denen gesammten Herrn Cavalliers und mir obenmäsig zur Tafel behielten. Es haben Sich die Durchlauchtigste Prinzen in dieser kurzen Zeit die Liebe und Gnade von allerseits Königlichen Majestäten dergestalten zugezogen, dass Sie mit ganz besonderer Distinction tractieret werden, und haben Ihro Majestät der König Ihnen so lang Ihre Tafel offeriret, biss dieselbe Ihre eigene Einrichtung würden gemachet haben, lassen Dieselbe zugleich auch durch einen Hofwagen, biss zu Ankunfft Ihrer eigenen Equippage, bedienen. Die Beschaffenheit des angewiesenen so genannten Fürsten-Hausses wird Herr OberSchenck mit mehrerem unterthänigst referiren; es ist selbige wohl nicht also, wie man gewünscht und verhofft, und ist dahero schlechterdings genöthiget, sich um ein anderes Quartier umzusehen, will man anderst nicht die Gesundheit der Durchlauchtigsten Prinzen exponiren, und zugleich durch Miethung anderer Quartiere, weilen die ganze Suite in solchen Hauss zu logieren eine pure Ohnmöglichkeit ist, dopppelte Unkosten verursachen; damit aber bey Ihro Majestät dem König keine Offension durch Verlassung des angewiesenen Hausses entstehen möchte, so haben der Herr Minister Graf v. Gotter durch den Herrn Minister Grafen von Podewils es an Ihro Majestät den König auf eine schickliche Arth gelangen lassen, darauf Se. Majestät sofort Sich allergnädigst declariret, dass Dieselbige durch Anweisung dieses Hausses Dero Königliche Attention darlegen und, da selbige von denen Prinzen erkannt würde, Sie diese im mindesten nicht zu geniren gedächten, liesen Sich dahero gar nicht entgegen sein, dass sie allenfalls das in Vorschlag gebrachte Hauss des Herrn Landjägermeisters Grafen v. Schwerin miethen und bezögen. Es haben auch diesen Morgen Ihro Durchlauchten der LandPrinz in Begleitung mehrgedachten Ministers Grafen v. Gotter's dieses Hauss besehen, und finden solches vor Dero bey sich habenden kleinen Hofstaat also eingerichtet, dass die ganze Suite darinnen vollkommen logiert — auch die benöthigte Zimmer zu Empfahung Fremder überauss wohl abgetheilt werden können. Nun kommt es bloss noch auf die regulirung des Hausszinsses an, welchen man auf das genaueste zu behandlen befliessen seyn wird, nicht zweifflende, Euer Hochfürstlichen Durchlaucht werden solches bey Einsicht der hiesigen Umstände gnädigst zu approbiren kein Bedenken tragen. Durch öffters erwehnter beeder Herrn Ministrorum Grafen v. Gotter's und v. Marschall's Vermittlung haben Ihro Majestaet denen Prinzen die vollkommen freye Entrée aller Dero nachkommenden Hardes, Equippage und andern accordiret, es wird aber diese Freyheit sich nicht wohl länger als etwa biss auf den Februar hinauss verstehen, dahero es gut wäre, wann die vor die Durchlauchtigste Prinzen und Dero Suite destinirte Sachen und Livréen in solcher Zeit hereingeschicket werden könnten, da sonsten man entweder aufs neue um diese Befreyhung müsste bitten, oder in deren Entstehung einen ungemein starcken Imposto zu bezahlen sich bequemen. Uebrigens habe ich gleich den andern und gestrigen Tag meine Visiten bei denen Ministris zu machen angefangen, den Herrn Grafen von Podewils aber, als an welchen ich mein Creditiv abzugeben angewiesen worden, noch nicht sprechen können, und muss solches erst biss auf morgen Nachmittag anstehen lassen, da inzwischen diejenigen Herrn Ministri, bey denen ich gewesen, mich versichert, dass Ihro Majestät der König eine rechte aufrichtige und ernstliche Neigung hätten, dem Fürstlichen Hauss Ihre Assistenz in allen Dero Angelegenheiten mit Nachdruck wiederfahren zu lassen. Ich zweifle an der Realitaet um so weniger, als die Anwesenheit der Durchlauchtigsten Prinzen einen beständigen Stimulum darzu zu geben und die gute Sentiments vor das Fürstliche Hauss zu unterhalten aller apparence nach vermögend ist. Herr ObristLieutenant von Spitznas kommt wegen seiner hier habenden grossen Bekanntschafft denen Durchlauchtigsten Prinzen überaus wohl zu statten, wäre dahero wohl zu wünschen, dass Euer Hochfürstliche Durchlaucht Sich gnädigst gefallen liessen, demselben den Befehl zu geben, dass er wenigstens noch ein paar Monathe hier verbleiben sollte; wann er nicht den gnädigsten Befehl von Euer Hochfürstlichen Durchlaucht erhalten, so wäre er schon vor 3 Wochen oder länger von hier hinweg gereysset, dahero er auch die unterthänigste Hoffnung träget, Euer Hochfürstliche Durchlaucht werden ihm wegen der inzwischen gehabten Unkosten gnädigst indemnisiren. Da Herr OberStallmeister von Röder von seinen Güthern aus Thüringen nacher Leipzig gereysset, um denen Durchlauchtigsten Prinzen allda seine Aufwarttung zu machen, so habe ich dieses vor eine bequeme Gelegenheit gehalten, durch ihn Herrn OberStallmeister die hier zu erheben seyende Geldere am sichersten hinaus zu bringen, und denselbigen um so mehrers hieher mit zu reyssen veranlasset, als Ihro Durchlaucht der Land-Prinz ihne Herrn Ober Stallmeister v. Röder gleichfalls ersuchet, Sie anhero zu begleiten, und lebe ich der unterthänigsten Hoffnung, Euer Hochfürstliche Durchlaucht werden diese Veranstaltung desto ehender gnädigst genehmigen, weilen gedachten Herrn Ober Stallmeisters AnheroReyss fast nichts gekostet, die Retour aber nicht so viel ausmachen wird, als auf eine andere Arth es gekommen seyn würde.

Dem Herrn Minister von Marschall habe ich auf dessen Begehren die samtlichen Documenta wegen der Anlehnung ausgestellet, und haben dieselbe versichert, dass das Geldt in 8 biss 10 Tagen geschossen werden sollte, weilen dieselbe solches zu Erspahrung des Interesse nicht ehender erheben lassen wollen, wie dann auch solche allererst den 1. Januarii ihren Aufang nehmen werden; inzwischen aber, da das mitbekommene Geldt auf der HereinReyss völlig aufgegangen, und man zu Einrichtung der Oeconomie beständig baares Geldt haben muss, so habe auf des Herrn Ministers von Marchalls Offerte ein paar Tausend Thaler anzunehmen, mich declariret, und darauf morgenden Tags eine Assignation wirklich zu erheben, welches Geldt ich sofort Herrn Ober-Schencken zu Handen zu stellen, ohnermanglen werde. Schlüsslichen solle nur noch dieses unterthänigst anzufügen nicht vorbeygehen, dass Ihro Majestät der König denen beeden Herrn Ministers Grafen v. Gotter und v. Marchall schriftlich besonders allergnädigst aufgegeben, sich der Persohnen und der Angelegenheiten der 3 Durchlauchtigsten Prinzen anzunehmen, vor alles Sorge zu tragen, und das nöthige an Ihro Majestät zu bringen, welche beede Ministri dann auch sich dieser Commission mit grösstem Eyfer rühmlichst unterziehen, und der 3 Durchlauchtigsten Prinzen sowohl als der ganzen Suite auf dem hiesigen Séjour bestens besorgen helfen, also dass man es vor ein besonder Glück zu achten, dass die Wahl auf diese beede vor das Hochfürstliche Hauss ohnehin so gut gesinnte Ministres gefallen.

Der ich mich anbey zu beharrender Hochfürstlichen Hulden und Gnaden devotest empfehle, und mit unterthänigstem Respect verharre

Ewer Hochfürstlichen Durchlaucht

Unterthänigst treu Gehorsamster Diener

Georgii.

Berlin, den 19. Decbr. 1741.

Unterthänigstes Postscriptum (ad Rel. I.):

Auch

Durchlauchtigster Herzog,

Gnädigster Fürst und Herr

habe ich das unterm 4. hujus an mich erlassene Rescript in unterthänigstem Respect wohl erhalten, und die Anlage Herrn OberSchenken sogleich behändigt.

Verharre ut in Literis hum. d. 19. Decbr. 1741.

etc. etc. etc.

Georgii.

Unterthänigstes Postscriptum I. ad Rel. IX.:

Auch

Gnädigster Fürst und Herr!

habe ich in Relatione V. zwar unterthänigst gemeldet, was mir allhiesiges Ministerium auf dasjenige, was selbigem aus der Feschischen Relation wegen der Parisser Negotiation und deren Zustand vorstellig gemachet, geantwortet habe. Nachdeme ich aber um der allzu grossen Bedencklichkeit willen hierbey nicht stille gestanden, sondern mich an die beede Herrn Ministres Grafen von Gotter und von Marschall gewandt, und denselben das dem hochfürstlichen Hauss imminirende grosse Praejudiz umständlicher remonstriret, die Sich sofort bewegen lassen, eine gemeinschafftliche schrifftliche Vorstellung an Ihro Majestät desshalber zu machen; So hat dieses den guten Effect gehabt, dass Ihro Majestät nach der Anlaag unterm 6. dem Minister Graffen von Podewils schrifftlich allergnädigst aufgegeben, mit dem Marquis de Valory dieser Angelegenheit halber zu sprechen, und ihme solche Nahmens Sr. Majestät zu recommendiren. Ich habe sofort, als ich die Nachricht von dieser ergangenen Ordre bekommen, den Herrn Grafen v. Podewils gesprochen, und ihme, auf was es hierbey ankomme, kürzlich wiederhohlet, es hat derselbige hierauf auch versprochen, dass Er der Intention Ihro Majestät des Königs gemäss nicht allein mit dem französischen Minister desshalber reden, sondern auch veranlassen wolle, dass ein nachdrückliches Rescript an den zu Pariss subsistirenden Preussischen Ministrum ergehe, und diesem darinnen das nöthige aufgegeben werde. Anjezo vernehme von dem Herrn Grafen von Gotter, dass Herr Graf von Podewils seinen Versprechen ein Genügen gethan, und mit dem französischen Minister der Sachen halber im Nahmen Ihro Majestät des Königs geredet, und zu desto besserer appuyrung demselben ein schriftliches ProMemoria zugestellet habe, ingleichen dass ein Rescript an den von Chambrier erlassen worden, um bey dem Cardinal, und wo es sonst nöthig, die behörige Demarches zu machen. Ich verhoffe von dem Einen und dem Andern Copias zu bekommen, welche sofort unterthänigst einzusenden ohnermangle. Bey solchen Umständen nun solte ich der nochmahligen Meynung seyn, dass der Herr Geheimerath Fesch desto ferner in dem bisherigen Tramite seiner Negociation verbleiben, und in keinem andern sich einwickeln lassen solle, dann ich mir ohnmöglich vorstellen kann, dass das französische Ministerium, welches Ihro Majestät den König allhier noch sehr cajoliret, so wenigen Egard auf Dero Intercession machen werde, vielmehr dörffte dieses per indirectum den Anlass geben, mit denen vorhabenden Propositionen desto ehender hervorzurucken. Was nun Euer Hochfürstliche Durchlaucht mir hierunter gnädigst zu rescribiren geruhen werden, erwartte in profondestem Respect, mit welchem die Gnade habe zu verharren etc. etc.

Berlin, den 13. Januarii 1742.

Georgii.

Beilage

ad Postscriptum Relationis IX.

Meine liebe würkliche Geheimde Etats-Ministri, Ober-Marchall Graf von Gotter und von Marchall.

Ich habe eure Vorstellung vom 3. dieses, wegen der dem Württembergischen Hofe zu erweisenden Gefälligkeiten erhalten, und wie ich darinnen gerne entrire, also habe Ich wegen der vorgeschlagenen recommendation der Mömpelgardtischen Angelegenheiten die abschriftlich beykommende Ordre an den Etats-Ministre Grafen von Podewils ergehen lassen. Ich bin

Euer wohl affectionirter König

Friederich.

Berlin, den 6. Jan. 1742.

An
den Ober Marchall Graff von Gotter
und Etats-Minist. von Marschall.

* * *

Mein etc. Ihr ersehet aus der abschriftlich beykommenden Vorstellung der Etats-Ministres von Gotter und von Marschall, was Sie auf Veranlassung des Württembergischen Ministri an mich gelangen lassen. Ihr sollet also dem Marquis de Valory die Würtemberg-Mömpelgardtische Angelegenheiten und deren finale gütliche Abmachung in meinem Nahmen bestens recommendiren, mit dem Bezeugen, wie mir diese Gefälligkeit Seines Hofs zum besondern Vergnügen gereichen würde. Ich bin etc.

Friederich.

Berlin, den 6. Jan. 1742.

An
den Etats-Ministre Graffen von Podewils.

Unterthänigstes Postscriptum II.
ad Relationem IX.
Auch

Gnädigster Fürst und Herr!

Diesen Morgen um 10 Uhr sind Ihro Majestät der König von hier abgereysst, und haben vorhero en passant denen 3 Durchlauchtigsten Printzen in Ihrem Quartier die Visite gegeben, Sich aller Ihrer Umstände, Ihrer Studien und Exercitien erkundiget, sofort Sich von Ihnen auf das tendreste beurlaubt. Se. Majestät begleiten von hier biss Spandau die braunschweigischen Herrschafften, gehen von dar auf Rheinsberg, wohin Ihro Majestät die Königin künfftigen Dienstag folgen wird, und verbleiben allda biss Aufang nächsten Monaths; wie es verlautet, gehen Sie von dar immediate nach Dressden, und von dort aus über Prag zur Armée. Indessen bleiben alle Ministri hier, und gehen die Sachen eben so wie bey Anwesenheit Ihro Majestät fort, nur dass die Resolutiones um der Entfernung willen etwas länger ausbleiben.

Was in Postscripto I. unterthänigst angeführt, hat mir gestern Abends in der Assemblée bey dem Gen.Lieut. von Sydow Herr Graff von Podewils selbsten mündlich versichert, auch mir die allegirte Copias zu geben versprochen; wann ich solche noch vor Abgang der Post erhalte, so werde sie unterthänigst beyzulegen ohnermanglen, wo nicht, folgen sie mit der ersten nach. Womit etc. ut in Relatione humillima.

Berlin, den 13. Januar 1742.

Georgii.

Relat. XVIII. d. d. Berlin
17. Martii 1742.

Durchleuchtigster Herzog,

Gnädigster Fürst und Herr!

Euer Hochfürstliche Durchlaucht werden Sich aus meiner, nro. 15 den 20. Februar erstatteten, unterthänigsten Relation gnädigst zurück zu erinnern belieben, was gestalten ich auf das erhaltene gnädigste Rescript in puncto des von der Cron Frankreich zu Behuff deren Schiffbaues in Toulon in denen sequestrirten Seigneurien umzuhauen und zu exploitiren anbefohlenen Holzes, bey allhiesigem Ministerio ein ProMemoria übergeben, und darinnen um Assistenz zu redressirung dieses so beschwehr- und praejudicirlichen Eingriffs gebetten habe. Wie nun das Ministerium sothanes Begehren mit einem favorablen Gutachten an Ihro Majestät den König gebracht hat, also ist vor 4 Tagen, wider Vermuthen, und da man das abgeschickte Paquet mit andern intercipirt geglaubt, die Allergnädigste Resolution eingelauffen, krafft deren dem zu Pariss subsistirenden Königlich Preussischen Ministre von Chambrier aufgegeben wird, de concert mit den diesseitigen bey dem Cardinal de Fleury sowohl als Mr. Amelot und sonst diensamer Orten wider diesen Eingrieff convenable Vorstellung zu thun: und solle das Rescript heute Abends dahin abgehen. Ich habe noch zur Zeit nichts schrifftliches ausser einem Billet bekommen, werde aber die Abschrift des Rescripti selbst zur Hand zu bringen trachten, und solche hienächst unterthänigst einzusenden ohnermanglen.

Der ich in tiefstem Repect verharre

Berlin, den 17. Mart. 1742.

Euer Hochfürstl. Durchlaucht
unterthänigst verpflicht-
gehorsamster Diener
Georgii.

Relat. XXXVI.
d. d. 18. Julii 1742.

Durchleuchtigster Herzog

Gnädigster Fürst und Herr!

Euer Hochfürstliche Durchlaucht werden aus meiner unterm 14. hujus unterthänigst erstatteten Relation Sich des mehreren haben vortragen lassen, wasgestalten die, mit denen Kaiserlichen und Französischen Ministris vorigen Monath unter Handen gehabte, Negociation wegen Vertauschung des Fürstenthums Mömpelgardt allhier kein Geheimnuss mehr seye, indem Ihro Kayserliche Majestät das gänze Détail davon dem Herrn FeldtMarchal v. Schmettau eröffnet. Nunmehro kan ich Euer Hochfürstlichen Durchlaucht dieses mit noch mehrerer Zuverlässigkeit bestättigen, indeme ich diesen Morgen erstgedachten Herrn Feld-Marchal selbsten gesprochen, und derselbe mir nicht verhalten, dass Ihro Majestät mit Ihme hierüber mehrmahlen conferiret, sofort Ihme das Detail der ganzen Sach bekannt gemacht haben. Es war mir dieses genug, ohne mich weiters herauss zu lassen, oder noch ein mehreres zu sondiren, angesehen ich von der dritten Hand schon vorhero erfahren, dass derselbe die Specialia alle nach einander her zu erzehlen gewusst hatte. Ich begabe mich daher zu dem Herrn FeldtMarchall Grafen v. Seckendorff, und sondirte ebenmässig, was Ihro Majestät der Kayser in Ansehung des hochfürstlichen Hausses und der mit demselben gepflogenen Handlung bey denen sich geänderten Umständen zu thun allergnädigst gesonnen wären? Musste aber mit nicht geringer Befremdung vernehmen, dass Er, Herr FeldtMarchall, zwar in Frankfurth von diesen Sachen ein und anderes gehöret, und dahero vor Seiner Abreyss Ihro Majestät desshalben einige mahl befragt habe, Diese aber von nichts wissen wollen, vielmehr, dass etwas mit dem fürstlichen Hauss tractiret worden, aussdrücklich wiedersprochen haben. Ich suchte mich dahero mit demselben noch in etwas weiters zu eclairciren, und Ihme dem Schein nach ein und anders zur Nachricht zu melden, wohl wissend, dass Er von dem ganzen Hergang der Sachen oben sowohl alss Herr FeldtMarchall Graf. v. Schmettau informiret: Es hatte auch dieses den Effect, dass Er mir zwar gestunde, dass Ihme nichts hievon verborgen, alldieweilen aber sich indessen das ganze Systeme geändert, so könnten Ihro Majestät nicht wohl etwas weiters thun, da zumahlen sich Frankreich declariret, dass es vor seine Satisfaction nicht einen Fuss breit von Reichslanden verlange, sondern zufrieden seye, wann nur Ihro Majestät der Kayser zufrieden gestellet würden, in diesem Fall auch sofort seine Trouppen aus Deutschland zurück ziehen wolle. Diese der Cron Frankreich Declaration habe Er bey Sich, und wäre ohne solche nicht hieher gegangen. Wie Sich nun auf dieselbige positive zu verlassen seye, also würde ich im Gegentheil selbst ermessen, dass Ihro Majestät der Kayser nicht im Stande, diese vorgehabte Austauschung auszuführen. Ich nahme hiervon Anlass, Ihme Herrn FeldMarchall weiters zu erkennen zu geben, dass dem hochfürstlichen Hauss hieran nicht so viel gelegen, alss Ihro Majestaet Selbst und der Cron Frankreich, welche die erste Proposition dieserhalb thun lassen, viel lieber würde dem hochfürstlichen Hauss im Gegentheil seyn, wann selbiges einsten zu dem ruhigen Besitz und völligen Genuss Seiner altvätterlichen Lande gelangete, und Seiner übrigen rechtmäsigen Praetensionen halber Satisfaction erhielte; worauf denn Herr Feldt Marchall mir erwiederte, dass die Sachen seinem Ermessen nach nichts destoweniger noch gutgehen und bey nächst vorstehendem Frieden ins reine gebracht werden könnten, inmassen Ihro Majestät nicht nur die Vorder-Oesterreichischen Lande, sondern auch wohl noch ein mehreres zu erhalten gewisse Hoffnung hätten, es auch Ihro Majestät des Königs in Preussen Interesse selbsten erforderte, Oesterreich zu Abtrettung ein und der andern Provinz zu vermögen, und durch Schwächung der Oesterreichischen Kräfften sich den ruhigen Besitz der gemachten Conquête zu garantiren. Vermeldete mir anbey, dass Ihro Majestät der König Ihm sehr gracieus begegnet, mit Ihme über 2 Stunden allein conferiret und aller Freundschafft gegen Ihro Majestät den Kayser versichert hätten; dass Er aber nunmehro auf Herrn Grafen v. Podewils retour wartten, und mit selbigem sofort das weitere abhandlen müsste. Diese ziemlich verwirrt unter einander lauffende Umstände trieben mich diesen Nachmittag zu Einem der confidentesten und dem hochfürstlichen Hauss besonders wohl gewogenen membro des Ministerii, deme ich von des Herrn Feldt-Marchalls Grafen von Seckendorff gegen mir gethanen Aeusserungen das nöthige eröffnete, und von selbigem vernahm, dass es an deme, dass Ihro Majestät der Kayser Sich ganz in die Arme Ihro Majestät des Königs würffen, wohl erkennend, dass Sie ohne diesen nimmermehr aus ihrem Impegno kommen könnten, Ihro Majestät der König auch ganz geneigt wären, Kayserlicher Majestät zu einem billigen Frieden zu verhelffen, anbenebst auch kein Zweifel obwaltete, dass nicht der Kayser die Vorder-Oesterreichischen Landen bekommen dörfften. Er hielte dahero des Herrn Feldt-Marchall Grafen v. Seckendorff's Aeusserungen bloss vor ein von Ihm ersonnenes artificium, durch welches man sich noch zur Zeit irre machen zu lassen keine Ursache hätte. Uebrigens aber, da vermuthlich nach Ankunfft des Herrn Grafen von Podewils die Praeliminaria dörfften gemachet werden, so wäre dieses die beste Gelegenheit, dem Hochfürstlichen Hauss zu prospiciren, dass selbiges entweder zu dem völligen Besitz des Mömpelgardtischen oder zu einer andern hinlänglichen Satisfaction gelangen könnte. Denn: aut nunc aut nunquam. Dahero er mir den Rath gäbe, dass ich gleich nach der Ankunfft des Herrn Grafen v. Podewils, welche biss künfftigen Samstag gewiss erfolgen würde, mit Ihme ausführlich sprechen, und Ihne dahin veranlassen sollte, dass diesseitige Angelegenheiten als eine Condition sine qua non denen Praeliminarien einverleibt werden solte, dann dieses nunmehro das Tempo seye, da Ihro Majestät der König dem Hochfürstlichen Hauss die kräftigste Assistenz wiederfahren lassen könnten, nach dessen Vorfliessung aber sich solches schwerlich wieder finden würde.

In diesen Umständen nun, gnädigster Fürst und Herr, stehen die Sachen hiesigen Orts, ich aber sehe mich in einem nicht geringen Embarras. Einestheils bin ich von Euer Hochfürstlichen Durchlaucht nicht instruiret, bey dem Ministerio von dem Vorgegangenen etwas zu entdecken, und desswegen zu negociren, und muss daher besorgen, wann ich limites mandati überschritte, mich dadurch bei Höchstdenselben in Verantworttung und Ungnade zu stürzen, anderntheils aber sehe ich zum voraus, dass ich die Zeit nicht habe, Euer Hochfürstlichen Durchlaucht gnädigste Instruction und Befehle hierüber abzuwartten, indeme die Sach in wenig Tagen vorbey seyn wird, mithin ich dardurch auf die andere Spitze das Tempo wo nicht auf alle, doch wenigst eine lange Zeit hinauss zu versäumen, und dadurch dem Hochfürstlichen Hauss ein irreparablen Nachtheil zuzuziehen, gesezet werde. In Betrachtung nun diese leztere Bedenklichkeit mir von weit grösserem Gewicht zu seyn scheinet, alss die erstere, so achte mich nach der ohnehinigen Clausula generali meiner Pflichten verbunden, nicht stille zu sizen, sondern unter anhoffender Allergnädigster approbation und ratification bey dem Herrn Grafen v. Podewils und denen übrigen Herrn Ministris es dahin zu leiten, dass, wann die Kayserlichen Propositiones also beschaffen, dass darauf einige Praeliminaria hier entworffen werden solten, die Satisfaction des Hochfürstlichen Hausses sowohl in Ansehung der Restitution von Mömpelgardt, alss auch der übrigen rechtmässigen Praetensionen expresse und specialiter mit bedungen werde. Gestalten ich dardurch so viel zu effectuiren verhoffe, dass, bey würcklich erfolgenden Frieden, Frankreich dahin zu vermögen stehe, die bisshero vorenthaltene Seigneurien in Conformitaet der ältern und neuern FriedensSchlüsse zu restituiren, und wann sofort der Kayser dieser Crone annoch einige Satisfaction zu verschaffen hätte, der vorgewesste Tausch unter Assistenz Sr. Königlichen Majestät annoch zu Stande gebracht werden könne. Auf diese Art hoffe ich, dass das Hochfürstliche Hauss nicht leer ausgehen, und, wo nicht auf das vollkommenste, doch auf das leidentlichste zu dem Seinigen gelangen werde. Indessen schicke ich dieses durch eine eigene Estaffette, mit der unterthänigsten Bitte, Euer Hochfürstliche Durchlaucht wollen nicht allein dieses mein bissheriges Verfahren und das weitere Vorhaben gnädigst approbiren, sondern auch Dero weitere gnädigste Verhaltungsbefehle mir durch eine Ristaffette zugehen zu lassen gnädigst geruhen. Der ich in derselben submissester Erwartung mit tiefstem Respect verharre

Berlin den 18. Julii 1742.

Euer Hochfürstlichen Durchlaucht

unterthänigst verpflicht-
gehorsamster Diener
Georgii.

Relat. XXXVIII. d. d. Berlin den
28. Julii 1742.

Durchleuchtigster Herzog

Gnädigster Fürst und Herr!

Ich conformire hierdurch dasjenige, so ich in meiner nächst vorstehenden unterthänigsten Relation zu berichten die Gnade gehabt, deme ich anjezo weiters beyfügen solle, dass ich vorigen Mittwoch sowohl als gestern die Gelegenheit gefunden, mit Herrn Ministro Grafen v. Podowils der Württembergischen Sachen halber zu sprechen. Wie ich nun gefunden, dass derselbe von demjenigen, so biss anhero vorgegangen, alle Information hatte, so ware es mir desto leichter, nach Maassgab der jüngst vom 14. hujus erhaltenen Instruction gemäss das weitere Ihme vorstellig zu machen. Es äusserte derselbige darauf hin, dass gegenwärtig noch nichts versaumt, sondern alles noch in integro seye, man auch dermahlen mit Ihro Majestät dem Kayser noch in nichts entriren könnte, vielmehr abwartten müsste, was Oesterreich zu thun im Sinne habe. Weil aber kein Zweifel vorhanden, dass die Sachen noch vor dem Winter beygelegt und ein Congress erfolgen dörffte, so würden Ihro Majestät der König Sich des Fürstlichen Hausses Interesse auf alle Weise annehmen, und solches zu befördern Sich angelegen seyn lassen. Es hat Herr Feld-Marechall Graf v. Seckendorff geglaubt, dass man auf seine Propositiones sich würde specialiter herausslassen, und Ihme entweder der Preussische oder der vor einigen Tagen zurückgekommene Englische Minister Lord Hyndford einige Vorschläge thun: beederseits hingegen verlangte man solches von Ihme, Herrn Grafen von Seckendorff, welche Er aber zu thun eben so wenig übernehmen wollen. Man traut überhaupt dem Kaysser noch nicht, dass es Sr. Majestät ein völliger Ernst sey, Sich von der Französischen Alliance loss zu machen, obgleich Herr

Graf v. Seckendorff solches versichert, und nur allein vorstellt, dass Ihro Majestät der Kayser solches nicht den Augenblick thun könne, sondern man Ihme dazu auch einige Zeit gönnen müsse, wann anderst die Sachen nicht verschlimmert werden sollten. Oesterreichischer Seits wolle man zwar geneigt seyn, die angebottene Evacuation von Böhmen anzunehmen, von der reciproquen Einräumung der Churbayerischen Landen aber will man noch zur Zeit darum nichts hören, weilen man Frankreich dardurch obligiren will, das Herzogthum Lothringen dargegen abzutretten, in welchen Gedanken sonderheitlich Engelland den Oesterreichischen Hoff stärket, und jene Puisance die Saiten gegen Frankreich sehr hoch spannet, die Sie aber mit der Zeit wohl gelinder aufziehen dörffte, wann Holland noch ferners auf seinen bissherigen Maximes bestehen, und sich mit Engelland nicht conjungiren wolte. Da auch Oesterreich wegen Mangels der LebensMittel nicht im Stande, die Französische Armée vor Prag in einer langwährigen Bloquade zu halten, indeme ohnerachtet dessen, dass Ihro Majestät der König den Oesterreichern eine ziemliche Quantitaet Vivres theils käuflichen, theils ein ganzes Magazin umsonst überlassen, selbiges dennoch nicht hinreichig ist, auf lange Zeit die Nothdurfft zu fourniren, ausser deme aber in ganz Böhmen keine weitere Subsistenz zusammen zu bringen stehet, weilen von der Preussischen Armée alles consumirt worden, so dörffte bey so gestalten Sachen Oesterreich bald genöthiget werden, auf andere Gedanken zu kommen. Und sind dahero gegenwärtig aller Augen nur darauf gerichtet, was die Sachen in Böhmen vor einen Lauff gewinnen, nach welchem sofort die weitern Massregeln genommen werden müssen. Herr Graf von Seckendorff versichert seines Orts, wie Ernst es Ihro Majestät dem Kayser seye, den Frieden und Ruhestand in Teutschland herzustellen, und hier verspricht man alle gute officia zu favor Sr. Majestät anzuwenden, aber weiter nichts. Jener vermeynt, Ihro Majestät der Kayser dörfften wohl die mediation dem gesammten Reich auftragen, oder, da es um der vielerley differenten Absichten und Interesse der Fürsten und Stände allzulangsam damit ergehen solte, dem Churfürstlichen Collegio. Ob nun schon ein dergleichen Exempel bey Machung des 20jährigen Stillstands mit Frankreich vom vorigen seculo in comitiis vorhanden, so wird jedennoch gezweiffelt, dass Oesterreich, welches sich einig auf Engelland verlässt, solche Mediation annehmen werde. Die

Wieder-Abtretung des Herzogthums Lothringen, um desswillen wie obgedacht Oesterreich die bayerischen Lande noch zur Zeit innen zu behalten sich anstellet, dörffte nach ihrer Meynung nicht so schwehr halten, indeme eines Theils Frankreich solches ohne einigen Kosten acquiriret, und dahero auch bey nicht erfüllter Garantie der Pragmatischen Sanction solches zu behalten um so weniger befugt wäre, alss ohnehin das Reich den lezten Frieden weder ratificiret, noch auch in die Alienation desselben so wenig alss der Printz Carl von Lothringen consentiret habe, andern Theils solches ein Medium compositionis dergestalten abgeben könnte, wann das Gross-Herzogthum Toscana Ihro Majestät den Kayser qua tali alss ein apert gewordenes Reichs-Lehen eingeraumt würde. Dieses leztere nun, gnädigster Fürst und Herr, ist noch zur Zeit ein bloses raisonnement, der Ausgang der böhmischen Affairen aber muss erst der Hauptsach eine rechte Gestalt geben. Erfolgt nun hierauf, wie man hiesigen Orts glaubt, ein baldiger Frieden, so versichert man mich, des Hochfürstlichen Hausses Partes auf alle vorkommende Fälle treulich zu besorgen. Solte aber der Krieg continuiren und etwan gar das Reich mit eingeflochten werden, welches man sich aber nicht so leicht vorstellen kan, vielmehrers davor halt, dass Engelland von seinen hohen Ideen bald herabgehen, sofort Oesterreich zu amplectirung des Friedens disponiren dörffte, so habe auch auf diesen Fall nach Maassgab oballegirter Instruction die dienliche Vorstellung gemachet, und dargegen die Zusage erhalten, dass Ihro Majestät des Hochfürstlichen Pupillen und seiner Lande Wohlfarth bestmöglichst berathen und besorgen helffen wolle, da man noch zur Zeit, und biss sich die Conjuncturen besser aufgeheitert haben würden, lediglich zusehen und den Erfolg abwartten müsste. In welcher Situation ich dann vor diessmahlen nichts weiters zu thun vermögend bin, auch nicht wohl etwas mehrers zu verlangen stehet, indeme genugsam überzeuget worden, dass man hiesigen Orts nicht im Sinn habe, dermahlen etwas allein zu thun, der Herr Graf von Seckendorff auch biss nächsten Montag von hier wieder, ohne etwas ausgericht zu haben, hinweg gehet, vielmehr Engelland überlasst, das Interesse von Oesterreich gegen Frankreich auszuführen, und in so lang einen blosen Spectateur abzugeben sich vergnüget. Da es mithin auf Engelland dermahlen vorzüglich, wo nicht gar allein, ankommt, den Frieden zu machen, oder den Krieg ferners zu continuiren, so ist sehr gut, dass man vorigen Jahrs dem Hannoverischen Hoff von den Veües*) des Hochfürstlichen Hausses Nachricht gegeben, sofort allen widrigen praeventionen vorgebogen hat. Stelle aber zu Euer Hochfürstlichen Durchlaucht höchsterlauchter Ueberlegung in Unterthänigkeit anheim, ob es dem Hochfürstlichen Interesse gemäss, diesen Hoff noch ferners in guter Gesinnung zu erhalten, und desswegen einige Passus vornehmen zu lassen? Meines wenigen Orts solte es nach meiner geringen Einsicht und Ueberzeugung allerdings vor räthlich erachten, indeme gewiss, dass bey künfftiger Pacification Engelland das meiste wird zu sagen haben, und wann sofort die beede respectables Puissances, Preussen und Engelland, sich des Hochfürstlichen Hausses gemeinschaftlich annehmen würden, man sich eines desto glücklichern Successes ohnfehlbar zu getrösten hätte. Solten allenfalls Euer Hochfürstliche Durchlaucht vor nöthig erachten, dass dem hier anwesenden Englischen Ministre Lord Hyndford in der Generalitaet die Sachen recommendiren solle, so erwarte desshalb Dero gnädigsten Befehl. Ex parte Oesterreich ist der von Canneugiesser alss Ministro seit etlichen Tagen allhier angelangt, bisshero aber in publico noch nicht erschienen. Ich empfehle mich damit zu Hochfürstlichen Hulden und Gnaden und verharre in devotestem respect

Berlin den 28. Julii 1742.

Euer Hochfürstlichen Durchlaucht

unterthänigst treu-gehorsamster Diener

Georgii.

*) Veües d. h. Vues, Absichten.

ad Rel. XXXIX.

Promemoria

an

den Königlich Preussischen Minister Herrn Graffen von Podewils übergeben.

Das Hochfürstliche Hauss Würtemberg muss sich seither 1723 des Besitzes der, zu der gefürsteten Graffschaft Mömpelgard gehörigen, theils souverainer, nenn Herrschafften durch den von Frankreich angelegten sequestre beraubet sehen: Nun ist die Zeit vorhanden, da demselben endlich die so lange vergebens gesuchte Justiz wiederfahren könnte, wann Ihro Königliche Majestät von Preussen, nach Dero so vielfältig gnädigst geäusserten Zuneigung und gethanen gnädigsten Zusagen, Sich des Fürstlichen Pupillen und der in dessen Nahmen redenden Obervormundschafft anzunehmen gnädigst geruhen wollen. So Ein als andere imploriren demnach Ihro Königliche Majestät mächtigen Schutz und Hülfe, damit Sie bey vorseyenden publiquen Tractaten entweder zu dem Besitz und Genuss Ihrer Altvatterlichen Patrimonial-Güter gelangen und die Vergütung Ihrer übrigen gerechten Anforderungen erhalten oder, da es die Umstände gegenwärtiger Conjuncturen erforderten, ein hinlängliches und der Sachen gemässes Aequivalent vor beederley bekommen möchten. Ihro Königliche Majestät machen Sich dadurch das Fürstliche Hauss auf ewig verbunden und zu eigen, Dero Ruhm aber unsterblich, wann Allerhöchstdieselbe nach denen Ihnen von Gott verliehenen Kräfften dem Fürstlichen Hauss dasjenige nunmehro verschaffen, was weder die ältere noch neuere Friedensschlüsse noch die von so vielen Puissancen geschehene nachdrücklichste Versprüche noch auch die selbst redende Gerechtigkeit der Sachen auszubringen vermögend gewesen.

Berlin den 27. Julii 1742.

Copia

der von dem Königlich Preussischen Cabinets-Ministerio auf sothanes Promemoria ertheilten Resolution.

Gleichwie Seine Königliche Majestät in Preussen Sich jederzeit ein besonderes Vergnügen machen werden, in allen Vorkommenheiten durch Dero gute Officia etwas gedeyliches zu des Hochfürstlichen Hausses Württemberg Bestem und Auffnehmen beyzutragen, also werden Sie auch nicht ermanglen, sobald es zur General-Pacifications-Handlung in Teutschland kommen wird, das Fürstlich Würtembergische Interesse, wegen der von der Cron Frankreich bisshero sequestrirten zur gefürsteten Graffschaft Mömpelgard gehörigen Neun Herrschafften, so wie Dero Eigenes, zu beherzigen, und die Sache dahin befördern zu helfen, dass dem Durchlauchtigsten minderjährigen Herzog deshalb auf eine oder die andere weise, nach Innhalt des, von des Fürstlich Würtembergischen Ministri und Geheimbten-Raths Herrn Georgii Hochwohlgeboren unterm 27. hujus übergebenen, Promemoria Recht und Satisfaction angedeyhen möge. Welches wir dann demselben hiedurch darauf in dienstlicher Antwortt nicht haben verhalten wollen.

Berlin, den 29. Julii 1742.

Graf v. Podewils. v. Borcke.

praes. den 2. August 1742.

Resolution
auf des Fürstlich Würtembergischen
Ministri Herrn Geheimden-Raths
Georgii Promemoria.

Rel. XLI. d. d. Berlin
25. Augusti 1742.

Durchlauchtigster Herzog

Gnädigster Fürst und Herr.

Ich habe in meinen vorigen unterthänigsten Relationen etlichemahl meine unterthänigste ohnzilsetzliche Gedanken dahin geäussert, dass es fast eine Nothwendigkeit zu seyn scheine, die Angelegenheiten des Hochfürstlichen Hausses auch bey Hannover zu underbauen. Nachdeme mich nun under der Hand erkundigt, wie etwan diese demarche hiesigen Orttes angesehen werden, und ob solche nicht etwan einige ombrage verursachen dörffte, so habe von Herrn Graven v. Podewils so viel erlernt, dass man nicht nur allein nichts dargegen habe, wann das Hochfürstliche Hauss Einen Ministre nacher Hannover par forme de Bienseance und zu menagirung desselben Interesse absenden würde, sondern auch solches vielmehr anrathen wolte, ohne langen Anstand und ohne mindestens bedencken zu thun, mit der alleinigen praecaution, dass Er, Herr Graf v. Podewils, Ihro Majestät dem König hievon die Nachricht seiner Zeit, wann es bey Euer Hochfürstlichen Durchlaucht resolvirt wäre, jemanden dahin zu schicken, geben wolte, damit, wann Sr. Majestät solche Versendung ohngefähr aus denen Gazetten wahrnehmen würden, Dieselbe davon bereits informirt seyen, folglich allen ungleichen Auslegungen dadurch vorgebogen werden möchte. Meiner unterthänigsten Schuldigkeit gemäss zu seyn habe ich dieses erachtet, und dahero es unterthänigst zu berichten keinen Verzug nehmen sollen. Mich damit zu beharrlicher Huld und Gnade unterthänigst empfehlend verharre in tiefstem Respect

Berlin den 25. Augusti 1742.

Euer Hochfürstlichen Durchlaucht

unterthänigster verpflicht-gehorsamster

Georgii.

Relat. XLII. d. d. Berlin
4. Septbr. 1742.

Durchlauchtigster Herzog

Gnädigster Fürst und Herr!

Ohneracht die ganze Welt davor hält, dass es nicht wohl möglich seyn könne, dass Frankreich nicht solte über den von Ihro Majestät dem König in Preussen mit Oesterreich gemachten einseitigen Frieden empfindlich seyn, und sich über die so ohnvermuthet und plözlich geschehene Verlassung der Allianz höchstens beleidiget zu seyn erachten: So zeigt sich doch das Gegentheil zu männiglich grösster Verwunderung. Ich habe seit einigen Tagen in zuverlässige Erfahrung gebracht, dass von Frankreich nicht allein in den allerverbindlichsten und höflichsten Terminis an Ihro Majestät den König geschrieben, sondern auch alles dasjenige vollkommen approbiret worden, was Ihro Majestät in Ansehung des Friedens mit Oesterreich zu thun vor gut gefunden habe, ja dass man Französischer Seits so weit gegangen, dass man bei hoher Straffe verbotten, in den Königlichen Landen nichts ungleiches von dem gemachten Frieden zu reden oder zu schreiben, und dass überhaupt Frankreich die Freundschafft von Preussen und das gute Vernehmen mit selbigen zu befestigen sich äuserst bestrebe. Wie ich nun von dieser Gesinnung ganz gewisse und ohntrügliche Kennzeichen bekommen: So habe ich vorige Woche die Gelegenheit genommen, mit Herrn Grafen von Podewils Excellenz hierüber zu sprechen, und denselben sondiret, weilen dermahlen Frankreich sich so stark um die Freundschafft Ihro Majestät des Königs bewerbe, und zu erkennen gebe, wie viel Ihnen an dieser gelegen, ob nicht ein Tempo wäre, dass Ihro Majestät zu favor des Hochfürstlichen Hausses einen abermahligen Versuch wegen Restitution der schon so lange Jahre vorenthaltenden Mömpelgardtischen Seigneurien thun könnten, da ich nicht zweifelte, dass wann Ihro Majestät diese Angelegenheit nach Dero allergnädigsten Versicherungen alss Ihre eigene tractiren wolten, Frankreich sich nicht entbrechen könnte, darauf endlich eine gewährige Resolution zu fassen, und Sr. Majestät hierunter sowohl alss dem Hochfürstlichen Hauss Satisfaction zu leisten, da zumahlen es vielleicht noch lange biss zu einem Frieden anstehen oder gar geschehen dörffte, dass vielleicht die partes belligerantes unter sich ohne zuthun anderer im Krieg nicht mehr verwickelter Potenzien Frieden machen würden, und es alsdann dahin stünde, ob und wie weit das Hochfürstliche Hauss Würtemberg mit seinem Gesuch sowohl wegen der Restitution seiner Altvätterlichen Güther, alss auch seiner besondern Praetensionen Gehör und Hülfe finden würde, dahero diesem Hauss desto mehr daran gelegen seye, bey aller Gelegenheit auf die gedachte Restitution vorzüglichen zu dringen, seine übrige Praetensionen aber gleichwohlen zu einem künfftigen FriedensCongress auszusezen, und unter der gnädigst versprochenen Assistenz Sr. Majestät auszuführen. Herr Graf von Podewils ware hierauf nicht in Abrede, dass es an deme, dass Frankreich sich alle Mühe gebe, die Freundschafft von Ihro Majestät dem König zu erlangen, und glaubte er daher allerdings, dass die gegenwärtige Situation nicht unbequem wäre, Frankreich von neuem Vorstellung zu machen. Er wollte dahero auch es dahin einleiten, dass bei Zurückkunft Ihro Majestät des Königs ein abermaliges nachdrückliches Rescript an den zu Pariss subsistirenden Ministre erlassen und diesseitiges Gesuch auf das Ausserste poussiret würde. Uebrigens aber wäre meine Besorgnus, dass man bei künfftiger FriedensHandlung nicht alle behörige Zufriedenheit erlangen dörffte, nicht wohl gegründet, dann er versicherte, dass es kein particulier Werck abgeben könnte, sondern ein universal Werck werden, dabey, gleichwie bey dem vorigen westphälischen Frieden, alle Sachen von Teutschland vorkommen, abgethan und in's reine gebracht werden müssten.

Da ich nun wegen Darzwischenkunfft anderer Persohnen diese Materie nicht, wie ich gewünscht, weiters treiben konnte, so nahme ich vorigen Freytag Anlass, mit Einem andern von dem Ministerio hierüber ebenmässig zu sprechen, und wurde von selbigem in meiner Meynung, dass dieses Tempo wegen der guten aspecten bey Frankreich nicht vorbey zu lassen, bestärket. Er fande dahero vor gut, dass die Sache biss zu Ankunfft Ihro Majestät des Königs nach Herrn Grafen von Podewils vorhaben praepariret werden möchte, und als ich noch weiters insistirte, dass man es bey einem Rescript nicht allein möchte bewenden lassen, sondern auch mit dem allhier subsistirenden Französischen Ministro de Valory ernstlich und nachdrücklich sprechen, damit dieser an seinen Hof desshalb schreibe und zu erkennen gebe, wie viel Ihro Majestät an der endlichen Satisfacirung des Fürstlichen Hausses gelegen seye, so approbirte derselbe meinen Gedancken, und riethe mir dahero an, auf solchem fortzuarbeiten, und den Herrn Grafen von Podewils dazu zu disponiren. Gestern Abends fande die Gelegenheit, diesem Ministro meinen jüngst gethanen Vortrag zu wiederholen und nächst Vorstehendes anzuhängen. Es liess sich derselbe auch dazu ganz geneigt finden, mit dem Zusatz, dass, da Ihro Majestät der König ihme einmahl den Auftrag gethan, die Würtembergischen Angelegenheiten auf's beste wahrzunehmen, so könnte er so Eines alss das andere gar wohl thun, ohne solches vorhero an Ihro Majestät gelangen zu lassen, und darüber erst anzufragen. Er sagte mir dahero zu, dass nicht allein ohnverzüglich ein Rescript an den Herrn Baron Chambrier in Pariss erlassen, sondern auch Nahmens Ihro Majestät dem Französischen Ministre de Valory ein nachdrückliches Promemoria übergeben werden solle, zu welch lezterem Er die ingredientia von mir erwartten wolte.

Nun stelle ich mir zwar oben nicht vor, alss wann dieser gedoppelte Passus einen sonderlichen Effect haben, noch dass Frankreich darauf eine ausserordentliche Reflexion machen werde; es mag aber solcher jedennoch darzu dienen, dass man eines Theils bald sehen kann, was diese Cron vor Neigung gegen das Hochfürstliche Hauss trage, und was man sich von selbiger zu versprechen habe, andern Theils aber dass dieselbe siehet, wie man nicht nur Würtembergischer Seits auf dem Restitutions-Gesuch ohnabänderlich bestehe, sondern auch andere Puissancen sich desselben mit Ernst annehmen und über kurz oder lang die Satisfaction dem Hochfürstlichen Hauss zu verschaffen sich angelegen seyn lassen. Ich habe dahero um so weniger Bedenken getragen, bey obangeführter dermahliger Situation dieses zu thun, nicht zweifflend, Euer Hochfürstlichen Durchlaucht werden solches gnädigst zu approbiren geruhen, da ich den weitern Erfolg unterthänigst zu berichten ohnermangle. Der ich übrigens zu Hochfürstlichen Hulden und Gnaden mich devotest empfehle, und mit all unterthänigstem Respect verharre

Berlin, den 4. Septbr. 1742.

Euer Hochfürstlichen Durchlaucht

unterthänigst treu-gehorsamster Diener

Georgii.

Relat. LXVII. d. d. Berlin
2. Aprilis 1748.

Durchlauchtigster Herzog,

Gnädigster Fürst und Herr!

Euer Hochfürstliche Durchlaucht werden sich aus meiner, den 3. Februar unterthänigst erstatteten, 60. Relation annoch gnädigst zurückerinnern, was gestalten auf eine von mir, zu Folge des unterm 19. Januar erhaltenen gnädigsten Befehls, gemachte Vorstellung wegen der von denen französischen Trouppen einige Zeit her gegen den Schwäbischen Craiss vorgenommenen Zudringlichkeiten allhiesiges Ministerium vor gut angesehen, so wohl bey dem Kayserlichen als besonders bey dem Französischen Hoff durch die Königlichen Ministres behörige und nachdrückliche repraesentationes gegen jenes neutralitaets-widrige Verfahren machen zu lassen.

Wie nun gestrigen Tags mir von dem Königlichen Kabinet die von dem zu Paris subsistirenden Ministro Baron de Chambrier eingekommene Relation in copiis communiciret worden, auss welcher so viel zu ersehen, dass das Königl. Französische Ministerium die diesseitige Beschwerden alss ein ohngegründetes Schreyen der in dem Schwäbischen Craiss und in der Würtembergischen Administration sich befindlichen partisans de la Cour de Vienne tractiret, also habe ich sothanes Communicatum hiermit in Unterthänigkeit einschicken sollen.

Es veroffenbaret sich hierauss ganz deutlich, wie gehässig der an diesseitigem Hoff sich befindliche Ministro de Gravel der Hochfürstlichen Administration Verfahren angebracht, was vor eine widrige Impression solches müsse erwecket haben, und wie hochnothwendig es dahero seye, auf guter Huth zu seyn, um denen besorglichen Würckungen derley Impressionen zu begegnen. Dann ob zwar der Kayserliche Hoff auf die Ihme von hier auss gegebene Erläuterung und Nachricht von deme, was Euer Hochfürstliche Durchlaucht in dem an Ihro Majestät den König wegen der von Kayserlicher Majestät geführten Beschwehrungen erlassenen Antwortt Schreiben herkommen lassen, eine Zeit lang stille seyn und nichts weiters moviren dörffte, so ist jedennoch kein Zweifel, dass es sowohl bey diesem als dem französischen Hof heisse: „manet alta mente repostum;" und dass man bei sich ergebender Gelegenheit den Craiss sowohl, als die Hochfürstlichen Lande es empfinden zu lassen gedächte, woferne man nicht aus alleinigem egard gegen Ihro Majestät den König in Preussen, als welche Sich schon so vielfältig des Hochfürstlichen Hausses publice und mit Nachdruck angenommen, zurückhalten müsste.

Ich werde aufs neue in diesen Gedanken gestärket, da man nicht nachlässet, Uns als Oesterreichisch gesinnte verdächtig zu machen, und seit einigen Tagen, weiss nicht aus wass vor Ursachen, vorgiebt, dass der Fränckische und Schwäbische Craiss sich ganz sicher und gewiss mit Oesterreich associren würde, und die Association so gut als geschlossen seye. Wie dann gestern Abend der Churpfälzische Ministre v. Beckers mich bey Hoff ernstlich und ängstlich befraget, ob diese Saage wahr und gegründet seye? Deme ich aber ganz trucken geantworttet, es seye dieses eben so wahr, alss dasjenige, was man vor einiger Zeit fälschlich und bosshaffterweiss ausgesprengt habe, dass man sich vor Oesterreich erklären werde. Fügte anbei hinzu, dass ich wünschte, auf den autorem dergleichen calomnieusen Ausstreuungen kommen zu können, so wolte ich denselben nach seinem Verdienst abzufertigen wissen. Ich versicherte auf gemachte Instanz, dass man praetendire, sichere Nachricht von diesem auf dem Tapis seyn sollenden AssociationsWerck zu haben, dass weder Oesterreich dergleichen Ansinnungen thue, noch auch, wann ja dergleichen geschehen solte, der Schwäbische Craiss und die Hochfürstliche Administration solchen Gehör geben, weniger von dem einmal ergriffenen Neutralitates-Systemate keinem Theil zu lieb abgehen würde. Auf welche Versicherung sich ermeldter Beckers sofort sehr zufrieden und consolirt zu seyn bezeuget.

Wie ich schon jüngstens unterthänigst zu berichten die Gnade gehabt habe, so legt sich immer mehrers an Tag, dass man eine Sache an Unss suche, um Unss auf den Leib zu können, und zu dem Ende streuet man beständig allerley Saamen des Verdachts und Misstrauens auss und fehlet nichts, alss dass man Ihro Majestät den König von Preussen von dem Hochfürstlichen Hauss abzöge, um dem so abgeneigten Theil gewonnenes Spiehl zu geben.

Euer Hochfürstlichen Durchlaucht bisshero bezeugte von aller unpartheyischen Welt gepriessene Standhafftigkeit, Vorsicht und Klugheit aber wird denen androhenden coups noch fernershin glücklich auszuweichen und solche abzuwenden die nöthige Mittel ausfindig machen, wann zumahlen die Königlich Preussische Protection (deren man unter Gottes Direction alleine zu danken, dass die abgeneigte Parthie nicht bereits ihren bösen Willen ausgelassen) auch füranss sorgfältiglich zu menagiren das beständige Augenmerck verbleibet. Ob ich übrigens, wie ich nicht zweifle, recht gethan, die hieroben erwehnte Versicherung von dem Ungrund der Association gegeben zu haben, darüber, und was sonsten zu meinem unterthänigsten Verhalt weiters nöthig seyn möchte, erwartte in unterthänigstem Respect Euer Hochfürstlichen Durchlaucht gnädigsten Befehl und Instruction. Der ich in tiefster Submission verharre

Berlin, den 2. Aprilis 1743.

Euer Hochfürstlichen Durchlaucht

unterthänigst treugehorsamster

Georgii.

Beilage I zu vorstehender Relation vom 2. April 1743.

Seiner Königlichen Majestät in Preussen, Unserm allergnädigsten Herrn, ist unterthänigst vorgetragen worden, was der allhier anwesende Fürstlich Würtembergische Ministre Herr von Georgii in dem unter dem 24. dieses Monaths Uns behändigten Promemoria, wegen Conservation der Neutralitaet sowohl überhaupt im Reich, als auch insbesondere im Schwäbischen Craysse, und Abwendung der dagegen französischer Seits intendirten demarches vorstellig zu machen gut gefunden.

Höchstgedachte Seine Königliche Majestät machen sich jederzeit ein besonderes Vergnügen, wann Sie Gelegenheit finden, zur Satisfaction und Beruhigung des Fürstlich Würtembergischen Hausses etwas beyzutragen, und haben dannenher keinen Anstand genommen, Dero Ministris am Kayserlichen sowohl, als am Königlich Französischen Hofe gemessenen Befehl zu ertheilen, an beyden Orthen behörige und nachdrückliche Vorstellungen zu thun, dass die Neutralitaet des Schwäbischen Creisses auf alle Weise conservirt, und nichts, was derselben in einige Weise zuwieder seyn könnte, attentirt werden mögte, mit dem Anfügen, dass wiedrigenfalls nicht allein der Wienerische Hoff ein gleiches praetendiren und bewerkstelligen, folglich der Schauplatz des Krieges in gedachtem Craysse aufgeschlagen werden dörffte, sondern auch dardurch der vornehmste Grund, aus welchen man bissher den March der Englischen National- und Auxiliar-Trouppen aus den Niederlanden nach Teutschland abzukehren bemühet gewesen, hinwegfallen würde, massen man denenselben, ohne sich den Vorwurff einer offenbahren Partheylichkeit auf den Halss zu ziehen, auf keine Weise refusiren könnte, was man denen Französischen Trouppen verstattete, oder dieselbigen sich anmassten.

So viel aber das NeutralitaetsGeschäffte überhaupt angehet, wird wohlgedachter Minister von selbst ohnschwehr urtheilen, dass Höchsterwehnte Se. Königliche Majestät darunter vor Sich allein nichts vornehmen, noch anders, als de concert mit dem gesammten Reich agiren können; wesswegen dann das fürstliche Hauss Würtemberg sich dieserhalb je ehe, je lieber, an die Reichsversammlung zu wenden haben wird, woselbst Seine Königliche Majestät nach Dero bereits geäusserten Gesinnungen die Sache auf das beste und nachdrücklichste zu appuyren nicht ermangeln werden. Welches wir mehrwohlgemeldtem Ministro auf obangezogenes Memorial in dienstlicher Antwort nicht verhalten wollen.

Berlin, den 31. Januarii 1743.

Podewils. Borcke.

An
den Fürstlich Würtembergischen Ministrum,
Herrn von Georgii.

Beilage II zu der Relation vom 2. April 1743.

Sire.

En suitte des ordres dont Votre Majesté m'a fait la grace de m'honnorer le 2. du mois passé, touchant la conservation de la neutralité dans le Cercle de Suabe, j'ay fait à ce Ministere les insinuations nécéssaires pour luy faire sentir les suittes facheuses qui en resulteroient pour les Etats du dit Cercle, si la neutralité stipulée en sa faveur devoit etre rompue par les demandes des commissaires de France, tant pour y faire passer les chevaux dont ils ont besoin en Baviere que pour y établir des magazins et y loger même une partie des trouppes; qu'une pareille conduite fourniroit un prétexte plausible à la cour de Vienne et à ses alliés pour faire les mêmes demandes et même pour transporter dans la Suabe le théatre de la guerre, ce qui ne pouroit aboutir qu'à la ruine totale des Etats du dit Cercle et apporter un grand préjudice aux interets de la France et de l'Empereur, puisque l'infraction de la neutralité du Cercle de Suabe donneroit occasion aux Autrichiens pour élargir leurs quartiers et pour demander en faveur des trouppes angloises et autres auxiliaires les mêmes choses qu'on auroit accordé aux François, ce qu'on ne pouroit pas leur refuser sans s'attirer le reproche d'une partialité manifeste. Ce Ministere m'a repondû, que toutes les choses qu'on imputoit à la France, comme si elle vouloit en freindre la neutralité du Cercle de Suabe, procedoient des partisans de la cour de Vienne, qui sont dans le dit Cercle et dans la Regence de Stouccard, pour empecher, que la France ne pût retablir et soutenir son armée de Baviere, mais que, tant que S. M. tres-chretienne trouveroit à propos d'en entretenir une dans ce païs la, que ceux qui agissoient de sa part ne faisoient rien d'injuste ni de dommageable pour le Cercle de Suabe en y faisant passer et payant exactement toutes les choses qu'ils envoyent en Baviere, que les memes choses s'estoient faites en 1741, sans que l'on eût crié alors contre la France comme on le fait depuis que les partisans de la cour de Vienne croyent avoir plus beau jeû pour contrecarer les mesures qu' elle prend pour le soutien de l'Empereur et des libertés du Corps Germanique.

J'ay l'honneur d'etre avec le plus profond respect

Paris le 18. Mars (1743).

Sire

de Votre Majesté
le très humble, très obeissant et
très fidel serviteur et sujet
Chambrier.

Beilage III. zu der Relation vom 2. April 1743.

Wir haben die Ehre, des alhie anwesenden Fürstlich Württembergischen Geheimden Raths und bevollmächtigten Ministri Herrn von Georgii Wohlgeboren den, von dem Herrn Baron von Chambrier aus Paris unter dem 18. gegenwärtigen Monaths eingelauffenen, Bericht abschrifftlich hieboy zu communiciren, aus welchem Dieselbe zu ersehen geruhen werden, welcher gestalten sich das französische Ministerium auf die von hiesiger Seite, wegen Conservation der Neutralitaet in dem Schwäbischen Craise, und insonderheit in dem Herzogthum Würtemberg, allda geschehene Vorstellung explicirt.

Berlin, den 30. Martii 1743.

Gr. v. Podewils. v. Borcke.

An den fürstlich Württembergischen
Geheimden Rath und bevollmächtigten Minister
Herrn von Georgii
allhier.

Rel. LXXXI. d. d. Berlin, den 6. Julii 1743.

Durchleuchtigster Herzog

Gnädigster Fürst und Herr!

Die gegenwärtige Zeiten und Läufften sind so beschaffen, dass man allhier fast durchgängig davor hält, es dörffte das so verderbliche Kriegs-Feuer hiernächstens gedämpffet, Friede und Ruhe aber im Deutschen Reich wieder hergestellet werden. Dieses hat mich veranlasset, unter der Hand zu sondiren, was man bey hiesigem Ministerio desshalb vor Sentiments habe, und ob und in wie fern dieses allhier gehende Raisonnement gegründet seye? Da ich dann in zuverlässige Erfahrung gebracht, dass es allerdings an deme, dass man sich gewisse Hoffnung machen dörffe, dass der Friede nicht mehr weit entfernet, das Hannover'sche Ministerium auch hierunter seine Gedanken allbereits hiehero eröffnet, und mit dem hiesigen in würcklicher Deliberation und vertraulicher Correspondenz stünde; Ihro Majestät der König, welche bisshero ganz stille gesessen, würden nunmehro von allen Orten her um Ihre Vermittelung angegangen, und wäre gewiss, dass bey dem bevorstehenden Friedenswerck Allerhöchst Dieselbe nicht nur den grössten Einfluss haben, sondern auch den meisten, wo nicht fast einzigen, Nachdruck geben würden und müssten. Der Friedens-Plan solle hier entworffen werden, und verspreche man sich von solbigem allen erwünschten Success etc. Ich nahme von dieser Confidenz die Gelegenheit weiters zu sagen, dass bey solchen Umständen das Hochfürstliche Hauss sich billig zu erfreuen habe, weil es sich Hoffnung machen dörffe, dass Ihro Majestät der König alsdann das Interesse des Hochfürstlichen Hausses nach Dero bissherigen geneigten Aeusserungen besonders besorgen werden. Man antwortete mir darauff, es seye dieses gewiess, und habe das Hochfürstliche Hauss sich auf die Königliche Versicherung fest zu verlassen; Ihro Majestät hätten einmahl die Württembergischen Angelegenheiten dero Ministerio vollkommen überlassen, und diesses würde in nichts ermanglen, was zu Erhaltung des Endzwecks erforderlich seyn würde. Man hätte allbereits sich entschlossen, wann es zu Aussforttigung der Instruction käme, von mir alsdann zu verlangen, dass ich an Hand geben solle, wie die Sachen in Instructione gefasst, und worauf sofort bei dem Friedensgeschäfft negociret werden solle. Zu dem Ende hätte ich eventualiter mich darauf gefasst zu halten, damit das Geschäfft desto bälder geferttigt werden möchte. Man glaubt auch unter andern Ursachen um desswillen desto gewisser wegen Restitution der Mömpelgardter Seigneurien seine Absicht zu erreichen, als Frankreich die Sachen eine Zeit hero näher zu geben anfange und nun ziemlich in die Enge getrieben würde.

Es werde anbenebst ein solcher Minister von hier auss zu der Friedenshandlung verschicket werden, welcher nicht allein die erforderliche Einsicht zu einem so wichtigen Werke besitze, sondern auch genugsame Tüchtigkeit habe, seiner Negociation einen Nachdruck zu geben etc.

Gleichwie nun diese mir im höchsten Vertrauen beschehene Eröffnung von der Wichtigkeit zu seyn erachtet, dass keinen Augenblick anstehen sollen, Euer Hochfürstlichen Durchlaucht davon die unterthänigste Relation zu erstatten, anbey nicht zweiffle, HöchstDieselbe werden solche aller Attention würdig erachten, alsso habe zugleich zu weiterer gnädigster Überlegung und Entschliessung anheim stellen sollen, ob nicht Euer Hochfürstliche Durchlaucht obigem wohl gemeinten Rath gemäss eventualiter dasjenige entwerffen lassen wolten, was man etwan bey künfftigem FriedensNegocio eigentlich zu suchen gedencket, um, wann es würcklich dazu käme, sogleich in bereitschafft zu seyn, die diesseitige Desideria übergeben zu können. Dann, ob zwar dermahlen noch nichts positives weder von einem Congress selbsten noch von dem Ort und der Zeit kan gesaget werden, so könnte sich jedoch leicht ereignen, dass auf einmahl die Sachen lossbrächen, und hernach, wie schon zu andern mahlen, so geschwind auf einander giengen, dass man vielleicht nimmer Zeit genug gewinnen könnte, alles behörig zu praepariren, die weite Entfernung auch nicht gestatten dörffte, über alles und jedes genugsame Erläuterung und Instruction einhohlen zu können. Und ob ich schon nicht zweifle, dass Euer Hochfürstliche Durchlaucht den FriedensCongress selbsten beschicken werden, so wird es doch nöthig seyn, das vorhabende Negocium allhier vorderist so incaminiren, damit der hiesige dorthin abgehende Ministre desto solider auf alle Puncten instruiret werde, folglich auch das Hochfürstliche Interesse desto standhaffter appuyren könne. Ich überlasse aber alles Hochfürstlich gnädigster Dijudicatur und verharre in tiefstem Respect

Berlin den 6. Julii 1743.

Euer Hochfürstlichen Durchlaucht

unterthänigst treu-gehorsamster Diener

G e o r g i i.

Auszüge aus Briefen

des Mitvormundschaftlichen Geheimeraths Bilfinger in Stuttgart an den Mitvormundschaftlichen Geheimerath Georgii in Stuttgart.

Stuttgart, 16. Juni 1742.

Wohlgeborener Herr

Hochgeehrtester Herr Geheimerath!

Euer Wohlgeboren Herr Bruder wird in ungefähr 8 Tagen auf die Höhe fahren und sein Nez auswerfen. Dominus benedicat . . . .

Stuttgart, 12. August 1742.

Die Frankfurtische Negotiation Ihres Herrn Bruders hat schwer angefangen, ist in ein gutes Geleis gekommen. Nun warte ich täglich auf den Ausgang.

Stuttgart, 22. August 1742.

Dass Serenissimus gegen den B. Hof indisponiret seye, ist mir wissend. Die Stunden in der Welt sind nicht gleich. Man kann ja schon um 11 Uhr ungedultig sein, und um 12 Uhr vergnügt werden, wenn indessen einläuft, was man erwartet, oder wenn sich das Zweideutige indess aufschliesst.

Dass die Baireuts'chen Herrschaften im Deinach missvergnügt gewesen, weiss ich nicht. Im Anfang gab's Missverständ mit den Fräulein, da man nach hiesiger Mode die Hofdames nach den verheuratheten Dames sezte, ob sie wohl in Baireuth den Rang gleich nach den Geheimerathsfrauen haben. Man hat sich aber hernach von der hiesigen Mode belehren lassen und ist lustig gewesen und hat brav getanzt.

Wegen Einrichtung der Akademie ist nichts zu thun, so lange Krieg ist, so lange man nur Franzosen gebraucht, so lange man mehr auf belles lettres als sciences denkt, und so lange man das Detail selber einrichten will.

P. P.

Ich praetendire, dass man Ihrem Herrn Bruder vorher seine Sachen ausmache,*) sonsten thue ich keinen Zug.

Wenn einmal Imperator von Frankfurt hinweg ist, so ist der casus abscheulich vulnerirt. Ich fürchte immer, man wird uns hiernach mit unsern Reversalien laufen lassen. Das Beste ist, dass alsdann der König in Preussen mit seiner Negotiation sich so stark eingelassen, dass Ers per honores hinausführen muss. N. B. vergessen Euer Wohlgeboren nicht, per amicum nostrum es dahin zu bringen, dass zu denen Preussischen Capitulationsactis eine Roubrique und Notamen gemacht werde, die Reversales nach unsern lezten petitis loco allegato einzurücken. Wir wissen nicht, was bei künftigen casibus vor Leute in Stuttgart und Berlin leben: vinculiren wir jene durch die jezige zum Voraus. Adieu.

Bilfinger.

*) Die »Personalien« des ersten Württ. Landschaftsconsulenten Fr. Heinrich Georgii sagen darüber Folgendes:

»Desswegen auch E. Löbl. Landschaft zum Zeugniss ihres Vertrauens demselben zer»schiedene wichtige commissiones aufgetragen, besonders aber Ihn nach erfolgter »Wahl Kaisers Caroli VII. in anno 1741 und 1742 an das Kais. Hoflager zu »Frankfurt a. M. abgeordert hat, um bei dem damal. dortigen Kaiserl. Reichshofrath »eine gewisse sowohl dem gesammten Vatterland, als auch besonders der allhies. Löbl. »Universität Hochangelegen gewesene Allergnädigste Confirmation auszuwirken, welche »Verrichtung auch der Höchste von oben also gesegnet, dass solche erfreulich und »nach Wunsch geendigt worden; durch welche Verdienste Sereniss. Administrator aus »aigener Bewegung gnädigst sich veranlasst gesehen, dem Seeligen den Rang und »Character eines Würkl. Regierungsraths zu ertheilen.«

Vertrauliche Mittheilung des Geheimeraths Georgii in Berlin
an
Geheimerath Bilfinger in Stuttgart.

d. d. 8. Januar 1742.

Der König geht zu Ende Februarii von hier hinweg auf Dressden und von dar zu dem Churf. v. B. Die Hauptabsicht solle, wie mir idem qui supra vertraut, seyn, um ein gemeinsames Concert zu nehmen, wie man Frankreich wider von dem Teutschen Boden delogiren könne, so er mir aber aufs Aeusserste zu cachiren recommandiret.

Schreiben des mitvormundschaftlichen Geheimeraths Georgii,

Gesandten am Hofe Friedrichs des Grossen, an den mitvormundschaftlichen Geheimerath Bilfinger in Stuttgart über den traurigen Zustand des Deutschen Reiches, mit Angabe der dagegen zu ergreifenden Maasregeln, welche von dem Königlich Preussischen Ministerium gutgeheissen werden.

Berlin d. d. 18. August 1742.

Wohlgebohrner Herr,

Hochgeehrtester Herr Geheimer Rath!

Der Marche der Französischen Armée nacher Böhmen machet hier viel Aufsehens und Nachdenkens. Es ist etwas Unerhörtes, dass Frankreich mit nunmehr über die 80/m. Mann auf dem deutschen Boden halt, mit solchen in das Herz von Teutschland eingedrungen und darinnen gleich in seinen eigenen Landen herum marchirt. Es ist unverantwortlich, dass solchem durch den Kaysser, wider dessen erst beschwohrne Capitulation, aller Orten Thür und Thore aufgesperrt werden. Es ist unbegreiflich, dass Teutschland durch eine fremde Macht Sich muss unter die Füsse gebracht sehen und leiden, dass selbige nach ihrem Gutfinden darinn Gesetze vorschreibe. Es ist unerträglich, dass man länger diesem Unwesen anzusehen die Hände in Schoss legen und sich nicht einmal dagegen rühren solle. Der Kayser declarirt, dass Er vors Erste nichts als seine ChurLande begehre. Frankreich declarirt, dass wenn der Keyser zufrieden, so verlange es auch nichts weiteres. Jenem will man, sobald Frankreich seine Truppen zurückgezogen, dazu verhelfen; demungeachtet lasst diese letztere Puissance unter dem Praetext, seinem Alliirten zu Hülfe zu kommen, in ein fremdes Königreich ganze Armeen einführen und dadurch den Kern von Teutschland überziehen und ruiniren.

Die Teutschen Fürsten und Stände, die dieses am meisten betrifft, sitzen zum Theil hiezu ganz stille, zum Theil helfen sie auch gar und wollen die Augen nicht aufthun, dass Sie Sich die Schlingen über den Kopf zusammenziehen und zu ihrem völligen Undergang den Weeg bahnen.

Nun wäre es Zeit, dass man aus dem bisherigen Schlaf einmahl aufwachte, die Gefahr einsähe und eine standhafte Entschliessung zu Rettung seiner auf der Spitze stehenden Freiheit nähme, mit zusammengesetzten Kräften sich dem allgemeinen Feinde entgegensetzte und solchen wieder vom Teutschen Boden verjagte! Nun wäre dieses der casus, welcher in der Executionsordnung enthalten und nach welcher man verbunden wäre, mit zusammengesetzten Kräften sich denen französischen Beeinträchtigungen zu widersetzen und die gestörte Ruhe wieder herzustellen. Aber wer solle es thun? Wo ist die Macht dazu? Wer soll anfangen? Der Schwäbische Kraiss hat die Neutralität ergriffen, hat sich bisshero gut dabei befunden, kann seines Orts allein mit seinen 8000 Mann den Strohm nicht aufhalten und ist zufrieden, da des Nachbarn Haus lichterloh brennt, dass seines nicht auch angesteckt werde, lässt dahero geschehen, dass die Leuthe, wiewohl mit vieler incommodität, durch sein Land zum Löschen hin und herlaufen. Franken, so dato am meisten leidet, hat durch seine anfängliche allzugrosse Facilität sich die Franzosen selbst übern Hals gezogen, will auf allen Achseln Wasser tragen und ist dazu unter sich nicht einig; ihrer Truppen sind wenig und scheinen nicht das Herz zu haben, nunmehr eine serieuse resolution zu ergreifen, vielmehr froh zu seyn, wenn man ihnen nicht Alles nimmt und sie noch mitessen lässt. Chur- und OberRhein spricht immer viel von associationen, mutueller Hülfe etc. und wenn es dazu kommt, so ist kein Mensch zu Hauss. Betrübte Situation! Das Oberhaupt des Reichs ist an sich ganz ohnmächtig, ligt in den Fesseln Frankreichs und suchet von dieser Krone das Leben. Die mächtige und grosse Stände, so gutentheils zu allen diesen Unordnungen den ersten Anlass gegeben und Anfangs gerne gesehen, dass Frankreich in die teutschen Lande eingefallen, damit sie unter diesen Troublen ihre aigenen Absichten desto besser ausführen können, möchten anjetzo, da sie einestheils erhalten was sie gewollt, anderntheils einsehen, wo es hinaus will, diesem Unwesen gerne gesteuret wissen, haben aber theils gebundene Hände, theils noch weitere Absichten, warum sie ihre Macht zu Rettung ihrer schwächeren Mitstände und Aufrechterhaltung des gesammten Reichs nicht so employren können, als es die Noth der gegenwärtigen Umstände erforderte. Wenigstens wollen Sie nicht den ersten pas von sich selbst thun. „Betrübte Situation!“

Aber was Raths dann? Man erkennt vorderist, dass es freilich nicht in der vorliegenden besonders des Schwäbischen Craisses Vermögen stehe, weder einen Anfang zu machen, noch auch der in Teutschland nunmehr so hoch angewachsenen Französischen Macht zu widerstehen. Man gestehet, dass der Schwäbische Craiss bishero den besten und sichersten Weeg eingeschlagen, man wünschte, dass Franken und die übrigen Craisse solchem löblichen Exempel gefolget und sich in gleichmässige positur gesetzet hätten. Man will aber nicht glauben, dass es bei denen sich geänderten Umständen genug seye und dass man hierbei stille stehen solle, sondern hält vielmehr davor, dass man nunmehr weiters gehen, sich mit andern setzen und zu Abwendung der gegenwärtig obschwebenden Gefahr, ohne sich auf künftige Zeiten zu verbinden, gemeinschaftliche Entschliessung nehmen, sonderheitlich aber die mächtigere Status zu excitiren und selbige in partes curarum mitzuziehen trachten müsse. Zu dem Ende giebt man an Hand, sich hierunder ohnverzüglich mit Hannover in eine vertrauliche Correspondenz einzulassen, diesem Hof die Gefahr, worin man schwebt, zur Beherzigung vorzustellen, und von Ihm gleichsam nur einen Rath zu begehren, was man zu Abwendung derselben vor Mittel ergreiffen solle? Derselbe würde sogleich mit allhiesigem Ministerio communiciren und die diesseitigen Gedanken begehren, welches alsdann hievon die Gelegenheit nehmen würde, Sr. Majestät solche Vorstellungen zu machen, die zu Wiederherstellung der allgemeinen Ruhe und Abwendung der bevorstehenden Noth hinreichend seyn würden. Man will sofort in dieser conformitaet Hannover wieder zuschreiben und mit demselbigen in weiteres Concert tretten und verlangt dahero nur von Weitem Anlass zu bekommen, um damit die Hand ans Werk legen zu können. Man versichert dabei, dass man allhiero nur die Gelegenheit abwarte, in solcher aber zu allem berait und willig sich finden lassen würde. Ausser diesem sieht man auch vor eine bequeme Gelegenheit an, um Ihre Majestät den Kayser auf ernstlichere Gedanken zu bringen, sich von den Französischen Banden los zu reissen, wann man ex parte des Reichs bei Verwilligung der Römer-Monate alss eine conditionem sine qua non die Abführung der Französischen Truppen vom teutschen Boden setzte, und ohne solche sich in nichts einliesse. Man hält dieses vor eines der besten expedientien und verspricht sich sehr vieles davon.

Georgii.

Bericht des Grafen von Podewils

an Friedrich den Grossen, über die Intriguen, die man anwandte, um die Abreise der drei Württembergischen Prinzen Carl Eugen, Ludwig Eugen und Friedrich Eugen aus Berlin zu beschleunigen.

d. d. 20. Juli 1743.

(Cf. Paul Stark: Fürstliche Personen des Hauses Württemberg und ihre bewährtesten Diener im Zeitalter Friedrich's des Grossen. Württemb. Jahrbücher 1875. II. Seite 42.)

—

„— — le Conseiller privé de Wurtemberg le Sr de Georgi est le seul „peut être qui se trouve bien intentionné pour la continuation du Sejour de „ces Princes icy — c'est le meme, qui a mis le Comte de Gotter au fait de „toutes les Intrigues et de touts les Ressorts secrets qu'on a fait jouer pour „inspirer aux Princes le desir de quitter Berlin incessament. — Voici en quoi „consiste cette Intrigue: Le Sr Despars qui est un très mechant caractere „devoré outre cela par une ambition demesurée et voulant se rendre necessaire „est convenu avec le Baron de Montolieu de faire partir les Princes de Berlin „le plus tôt le mieux à quelque prix que cela soit pour les avoir entre leurs „mains et en tirer tout ce qu'ils pourront.

„Pour cet effet Montolieu et Despars ont fait accroire egalement à la „Duchesse Regente de Wurtemberg et à Son Alt. Royale Madame la Marggrave „de Bayreuth que Votre Majesté retenoit les Princes icy pour degouter l'ainé „du mariage avec la Princesse de Bayreuth, qu'on meditait de proposer au „jeune Duc un autre parti avec quelque autre Princesse, soit de la Maison de „Wolffenbüttel soit d'une autre Maison Protestante."

Die Intrigue wurde jedoch vereitelt. Es ist nicht leicht gewesen, gegen dieselbe anzukämpfen, da der Herzogin im Testament Ihres Gemahls ausdrückliche Rechte in Ansehung der Leitung der Prinzen vorbehalten waren. Der Herzog-Administrator und der Vormundschafts-Rath sahen sich nach dem

Beistand des Königs um, erklärten sich entschieden gegen die damalige Abrufung der Prinzen und bewogen die Herzogin, in die Verlängerung des Berliner Aufenthalts zu willigen. Die Prinzen blieben, bis der frühe Regierungsantritt des ältesten Bruders Karl denselben nach Würtemberg zurückrief und man es aus dieser Veranlassung für gut fand, auch für die beiden jüngeren Prinzen den Aufenthalt in Berlin abzubrechen. Die Abreise der Prinzen von Berlin erfolgte am 8. Februar 1744. Zuvor hatte am 5. für den Prinzen Carl die Uebergabe des oben erwähnten Kaiserlichen Diploms über seine Mündigkeits-Erklärung stattgefunden, am 6. Februar die Zustellung des merkwürdigen Schreibens, in welchem ihm Friedrich der Gr. Regierungs-Rathschläge ertheilt. (Rödenbeck, Tagebuch aus Friedrichs d. Gr. Regentenleben. Berlin 1840. I, 98.)

Beglaubigung.

Die unterzeichnete Stelle beurkundet hiemit dem Königl. Niederländischen Herrn General-Consul Georgii in Stuttgart, dass die Herren, **Johann Eberhard Georgii**, geboren in Urach am 11. Dezember 1694, Herzogl. Württembergischer Staatsminister und Mitvormundschaftlicher Geheimerath und **Erhard August Georgii**, geboren in Urach am 22. Juli 1700, Syndikus der freien Reichsstadt Ravensburg und einer unmittelbaren freien Reichs-Ritterschaft in Württemberg Consulent, **Söhne** des Herrn **Joh. Martin Georgy**, Landvogts der Markgrafschaft Hochberg und nachherigen Vogts in Urach gewesen sind.

Urach, 18. November 1858.

Vorstehendes beurkundet gemäss dem öffentlichen Taufbuch

K. Württ. Ev. Stadtpfarramt:

Doerner, Dekan.

Die Unterschrift beglaubigt

Urach, 23. November 1858.

K. w. Oberamt:

Osiander.

Gesehen Stuttgart, den 26. November 1858.

Aus Auftrag des Ministers des Innern für den Kanzleidirector

Klumpp.

Gesehen Stuttgart, den 7. Dezember 1858.

Aus Auftrag des Ministers der auswärtigen Angelegenheiten der Kanzleidirector

Legationsrath Gf. Zeppelin.

(L. S.)

Beglaubigung.

Die unterzeichnete Stelle beurkundet hiemit dem Königl. Niederländischen Herrn General-Consul Georgii in Stuttgart, dass dessen Grossvater Eberhard Heinrich von Georgii, General-Auditor der Königl. Württembergischen Armee und nachheriger Obertribunal-Director in Stuttgart, auch Commenthur des Ordens der Württembergischen Krone, am 2. September 1765 in Urach geboren wurde, und ein Enkel des Herrn Erhard August Georgii (geboren in Urach am 22. Juli 1700), Syndikus der damaligen freien Reichsstadt Ravensburg und einer unmittelbaren freien Reichs-Ritterschaft in Württemberg Consulent gewesen ist.

Urach, 18. November 1858.

Vorstehendes beurkundet gemäss dem öffentlichen Tauf- und Ehebuch

K. Württ. Ev. Stadtpfarramt:

Doerner, Dekan.

Die Unterschrift beglaubigt

Urach, 23. November 1858.

K. württ. Oberamt:

Osiander.

Gesehen Stuttgart, den 26. November 1858.

Aus Auftrag des Ministers des Innern, für den Kanzleidirector

Klumpp.

Gesehen Stuttgart, den 7. Dezember 1858.

Aus Auftrag des Ministers der auswärtigen Angelegenheiten der Kanzleidirector

Legationsrath Gf. Zeppelin.

(L. S.)

Es wird hiemit amtlich bezeugt, dass die in diesem Werke von Seite 1 bis 233 enthaltenen Urkunden und urkundlichen Notizen ihrem Inhalte nach theils mit den diessfälligen Archivaldocumenten, theils mit den entsprechenden, im Privatbesitze des Herrn Generalconsuls von Georgii-Georgenau befindlichen, zur Vergleichung vorgelegten, durchaus glaubwürdigen Schriftstücken in vollständiger Uebereinstimmung gefunden worden sind.

Stuttgart, den 8. December 1875.

Geheimes K. Haus- und Staats-Archiv:

(L. S.) Geheimer Legationsrath Dr. Schlossberger.

wissen, die auch in solchen fällen weder zum unwillen noch durch schädliche
exempel irre gemacht werden. Und da
3.° der Informator Desparts sich öffters in Sachen zu mischen die gewohnheit
hat, sich auch zu viel aus dem hause folglich von meinen Kindern abse-
-tiret; als gehet mein befehl dahin daß der H. Obrister ihn eines bessern,
doch mit guter art und geziemenden Vorstellungen belehre. Zu solchem —
Allem nun ist mein befehl und ernstl. wille daß
4.° der H. Obrister fleissig über alles und jedes wie es auch nahmen —
habe, mit dem Vormundschafftlichen Geheimbden Rath Georgij als in —
welchem ich gleichfals ein besonderes Vertrauen setze communiciren
ihn mit zu rath und zu hülffe ziehe, auch so viel wie möglich nichts
ohne dieselben beystimmung in ansehung der erziehung und der darinn
vorkommenden Vorfallenheiten meiner vielgeliebten Kinder thue; mithin
bey dessfals als mit zusammen gesetzten kräfften zu diesem wichtigen
werck gearbeitet, und dadurch alles einig, ruhig, und gemeinschafftlich

Mein lieber Obrister v. Laubsky

Demnach ich während meiner Abwesenheit allhier wahrnehmen müssen, wie Er sich keine sufficiente autoritet über meine Kinder und fürnehmlich über meinen ältesten Sohn giebet; Also solle ich Ihm,
1° auffs nachdrücklichste anrecommandiren und anbefehlen sich dießfalls besser zu prospiciren mithin auffs alles was er einem oder dem andern anbefohlen oder verbotet, ferner zu sehen daß es genau von demselben befolget, widrigenfalls mit [illegible] bleiblich-gebührender reprimande oder auch proportionirter Straffe sie dazu anzuhalten. Nicht weniger
2° Vernehmen wir auch zu [illegible] gekommen, daß der H. Obrister bisweilen in seiner [illegible] Arbeit ungeduldig und zu [illegible] sich gegen die [illegible] es gehet meine intention dahin [illegible] mit mehrerer [illegible] und gelassenheit [illegible] Stricke [illegible]; [illegible] fürnehmlich, da ich [illegible] und [illegible]
Kinder zu der [illegible] [illegible]

wissen, die auch in solchen fällen weder zum unwillen noch durch schädliche
exempel irre gemacht werden. Und da

3°. der Informator Desparts sich öffters in Sachen zu mischen die gewohnheit
hat, sich auch zu viel aus dem hause folglich von meinen Kindern absentiret; als gehet mein befehl dahin, daß der H. Obrister ihn eines bessern,
doch mit guter art und geziemenden vorstellungen belehre. Zu solchem
allem nun ist mein befehl und ernstl. wille daß

4°. der H. Obrister fleissig über alles und jedes wie es auch nahmen
habe, mit dem vormundschafftlichen Geheimbden Rath Georgij als in-
welchem ich gleichfals ein besonderes vertrauen setze communicire,
ihn mit zu rath und zu hülffe ziehe, auch so viel ein möglich nichts
ohne desselben beystimmung in ansehung der erziehung und sonst darin
vorkommenden Vorfallenheiten meiner vielgeliebten Kinder thue; mithin
beyderseits als mit zusammen gelegten kräfften zu diesem wichtigen
werck gearbeitet, und dadurch alles einig, ruhig, und gemeinschafftlich

Mein lieber Obrister v. Laubsky

Demnach ich während meiner Abwesenheit allhier wahrnehmen müssen, wie —
Er sich keine Sufficiente authoritet über meine Kinder und fürnehmlich über —
meinen ältesten Sohn giebet; Also solle ich Ihm und anbefehlen sich dieselbe —
1° auffs das nachdrücklichste zu recommandiren und [illegible] einem oder dem andern
besten zu prospiciren, nicht nur auffs alles was er [illegible] daß er von denenselben
anbefohlet oder verrichtet, ferner zu sagen daß [illegible] reprimande —
befolget, widrigenfalls mit [illegible] bleiblich — zukommender reprimande —
oder auch proportionirter Straffe sie dazu anzuhalten. Nicht weniger
2° Urtheilen wir auch zu Ihrem gentilhomme, daß der Hr. Obrister zu Zeiten
in seiner [illegible] etwas ungeduldig und zu starck sich gegen die [illegible]
ist gesetzt meine intention dahin [illegible] mit mehrerer [illegible] —
und gelassenheit [illegible] Stricte [illegible]; auffs daß fürnehmlich, da ich —
— Kinder [illegible] Zeiten, [illegible] und [illegible]

[illegible]

haben werden, und welcher ich ohnwandel=
hafft bin und bleibe

Euer Ldb:

freundwilliger Vetter

Friderich

Berlin den 3ten
Jan: 1744.

H. Podewils C.W. Borcke,

An
den Hertzog Administratorem
zu Wurtemberg

Durchleuchtiger Fürst, freundlich lieber Vetter.

Da Euer Ldl., wie Ich aus dero freundvet-
terlichen Schreiben vom 28. Dec: des
jüngst abgewichenen Jahres ersehen, gut
gefunden, den an Mich accreditirt gewesenen Mit-Vormundschafftlichen Ihren
Geheimten Rath, von Georgie von hier
zurück zu beruffen, So habe Ich Ihm
nicht nur hiemit das wohlverdienete
Zeugniß von seiner hieselbst mit vielem
prudentz, dexterität und Geschicklichkeit, und
zu Meinem gantz besondern Vergnügen geführeten Negociation, ertheilen, sondern
Eu: Ldl: auch ersuchen wollen, Ihm in allem
was derselbe Ihr von Meinentwegen zu
hinterbringen haben wird, völligen
Glauben beyzulegen, als worin Ich Mich
beziehe, und womit Eu: Ldl: beyder
Meine dem dortigen Fürstl: Hause
beständig gewidmete freundschafft und

www.ingramcontent.com/pod-product-compliance
Lightning Source LLC
Chambersburg PA
CBHW020806230426
43666CB00007B/883
* 9 7 8 3 7 4 3 4 0 3 6 4 2 *